世界公民叢書

未來的·全人類觀點

作者◎尼凱米亞·羅森伯格（Nechemia Rotenberg）
譯者◎梁永安

序

我生活在歐洲。納粹大屠殺已成往事，但反猶太主義尚未絕跡，不時冒出猙獰臉孔。依我之見，為強化猶太人身分認同出一分力乃我們今日的責任所在。猶太民族的傲人成就仍有陳述空間，而大概外邦人①也一樣有責任多了解猶太教和猶太民族。

我幾乎每天都接觸到完全同化於西方文化的猶太人。這些人對本族的文化遺產一無所知，不明白何謂當個猶太人，不了解這種無知讓他們蒙受多大損失。這些年輕人還有所不知的是，外邦人希望看到他們是個貨真價實的猶太人。當外邦人看到一個猶太人遵守父祖輩的傳統，就會心生敬意。這一點我可以憑我的個人經驗作證。另外，我們也常常看到外邦人會用以下這問題來取笑猶太人：你何以看起來不像猶太人應有的樣子？我看過很多這種事例。

※

去年夏天，我拜謁了羅馬天主教會的首腦之一，奧地利的樞機主教。這訪談的部分內容載於本書後面。

該樞機在我面前不斷引經據典——不只是引用《聖經》的經文，還引用了猶太賢哲（Jewish Sages）②的話語。他幾乎在每個場合都可以隨手拈來這些話語。

這不是一次容易的談話，但過程中卻驚喜不斷，因為他的許多見解都是我始料未及，難以想像是出自一位教廷高層之口。最讓我驚訝的一點是，他認為，如果一個猶太人與基督徒結婚，該猶太人的聖潔程度就會降低，屬天的使命便會走樣。這真是太不可思議了。我心裡想：要是千千萬萬處於完全被同化之前最後階段的猶太人能聽到這話就好了。

※

我會寫作本書是因為意識到，在很多情況下，一個猶太人會接受同化，乃是出於對本族文化遺產的懵懂無知。類似地，外邦人國家對猶太民族的本質與構成也缺乏認識。只要本書提供的資料說服得了一個猶太人更多所反省身分認同的問題，或說服得了一個外邦人相信猶太教和猶太民族包含迷人成分，我於願已足，不枉寫這書所花費的大量力氣。

但願讀者諸君會喜歡它。

①「外邦人」泛指非猶太人。

②指從猶太人亡國被擄以迄中世紀和近代的猶太經師、哲人和智者。

致謝

我要為世界的創造者唱贊歌，感謝祂把一切美好恩賜於我。我同樣深深感激耶路撒冷的伊蘭尼（Eliyahu Ilani）拉比——他是我的摯友，也是世界性組織「猶太心靈」（Nefesh Yehudi）的主席。我會寫這書正是受其激勵，而他也在我的整個寫作過程中伴我左右。伊蘭尼拉比身影巨大，無時無刻不以猶太民族的未來前途為念，所有精力與時間都是花在為全球猶太學子創造一個世界觀上的真正革命。

我還要感謝我的摯友崔斯勒（Chaim Yitzchak Drexler），他從不吝於把聰明才智分享予我。另外，我也要對家父家母和岳父岳母獻上由衷謝意——他們總是支持我和妻小，在精神層面提供明智的建議，又在物質層面提供慷慨的支持。

最後，我要感謝內人夏雅（Chaya），她總是支持我所做的一切。我能有的一切成就事實都是她的奉獻。

我在禱告中抬望世界的創造者，但願我能在祂眼中和每個人類眼中受喜悅，但願我與妻子配得福分，能在寧靜、健康與喜樂中養育和教導好心愛的子女。

猶太人為何招恨：猶太拉比談反猶（原書名：猶太人為何成功）

【目錄】本書總頁數288頁

Chapter 1

何謂猶太人？

What is a Jew?

我不時會在維也納的「猶太靈魂認同學院」（Jewish Soul Identity Institute）給猶太學生講課，每次課程一開始又總會問他們這問題：界定猶太人的特質有哪些？

通常，學生會馬上回答，猶太人是指這樣一種人：他以一種宗教方式生活、遵守上帝的誡命，並熟讀《妥拉》（*Torah*，即猶太人的聖經和它的各種神聖注釋本）。也許他們相信這是我希望聽到的答案。以此類推，當我問學生「何謂猶太教」的時候，他們都回答說那是一種宗教。

這時，我總是以下列這番話嚇他們一跳：一個人是不是猶太，無關乎他是不是熟讀《妥拉》、遵守誡命，甚至無關乎他是否信仰猶太教。

因為根據《哈拉哈》（*Halacha*，解釋猶太律法的典籍），一個人即便是無神論者，都可算是十足的猶太人。

聽到我這個說法，有些學生會換個角度去界定「猶太人」：凡是由猶太婦女所生者便是猶太人。

換言之，猶太人是一件攸關基因的事，是一種可以透過遺傳得來的屬性（特別是透過母親一方的遺傳——這一點我們稍後會再詳談）。

雖然原則上同意這個定義，但為了刺激學生思考，我會再有一問：「從別教改信猶太教者算不算猶太人？」

如果一個不帶有猶太人基因的改教者可以加入猶太民族行列，那不就表示，猶太人身分並不需要基因做為基礎？

到這時候，學生通常會一臉茫然，希望我為他們解惑。較勇敢的學生則會再換個方式回答：「猶太人是一個國家。」

他們指出，一個人只要是猶太國家的一員，就算是猶太人，情形一如一個烏克蘭人是烏克蘭國的成員。這答案聽起來再合理不過，不是嗎？

不過，即便暫時撇開「國籍」的定義在歷史上其實頗為變動不居的事實，我們仍然會發現猶太人的身分很難用國籍來界定。

事實上，猶太國家乃是一種全新的產物。

在以色列建國的前幾十年，四面八方的猶太人向巴勒斯坦匯聚，讓猶太民族得以復興。然而，早在他們聚合在一起以前，他們便已經是猶太人。這一點理由何在？

另一方面，即便是住在紐約布魯克林區的撒塔瑪派（Satmar）猶太人（他們對以色列沒有國家歸屬感），或是一個公然與以色列劃清界線的意識形態家，一樣被算作是猶太人。

後者的一個好例子是杭士基（Noam Chomsky）教授。他因為發表過一些反以色列的宣言而被以色列政府拒絕入境，然而，沒有人可以否認，按照《哈拉哈》的規定，杭士基是如假包換的猶太人，符合「猶太人」一詞的每個意義。

再者，還有些人雖然擁有以色列國籍，卻不被認為是猶太人，原因是他們的媽媽不是猶太人，也未曾按照《哈拉哈》規定的儀式皈依猶太教。

由此可見，何謂猶太人的問題比乍看要複雜許多。

※

既然本書談論的主題是猶太人，猶太人定義為何的問題自須先行解決。這是個在不同立場的猶太人之間有著激烈爭論的問題。它第一次被提起，是在以色列政府要制定《回歸法》（Law of Return）的時候。這種爭論持續直至今日，看來不會有盡頭。不過，如果我們分析這爭論的成分，會發現主要爭的乃是改皈猶太教的外人要做到什麼程度才算猶太人。

若撇開這個問題不論，則人們大致有一個共識，那就是猶太身分包含兩大特徵：

一、如果一個人沒有經歷正式的改教儀式，那麼即便他以猶太人自居，仍然不會被承認。這表示，是不是猶太人並不以主觀意願或感覺為依歸，而是必須符合某些標準。

二、凡是由猶太婦女所生者都毫無疑問是猶太人。

所以，身分仍然懸而未決者，便剩下那些可能不是真心皈信的外人和只有父親一方是猶太人的人。就連《回歸法》也不承認只有父方是猶太人的人算猶太人。不過，這種人仍然有資格移民以色列，並藉著他們父親與猶太教的血緣關係而獲得公民權。

基於此，我們可以說：猶太教猶如一個擴大家庭（extended family），其成員的資格是由基因決定，但有一個例外情況：改教者。

希伯來大學的高登堡（Harvey Goldberg）教授在文章中指出：

《妥拉》的信息與全人類都相關，但又特別與一小群人直接相關，因為它是一代傳一代，與生物性繁衍非常相似（但又不完全一樣）。

> 正如我們在亞伯拉罕的故事看到的，就連生物的連續性都有賴宗教的連續性來維繫……
>
> 亞伯拉罕開啟的特殊傳統與歷史上其他民族的傳統形成鮮明對比。與猶太教相連的普世宗教信息是載於一部公開典籍中，由一群人負責傳布，他們大部分（但絕對不是全部）都有生物學上的關連性。這現象無疑會讓其他一神主義宗教感到困惑，也構成了挑戰。
>
> 引自〈妥拉的父母觀念〉（Torah VeHorut）

高登堡教授曾提出以下一問：「為什麼一個根植於精神理想的普世信息會是透過生物學的繼承方式一代傳一代呢？」但他上述一番話等於無意中回答了自己的問題：生物學上的繼承固然對一個人的猶太身分極為關鍵，但要加入猶太民族，生物學繼承並不是唯一方式。

我們有理由認為，子女是最容易延續父母生活方式的人。子女自小是父母養育長大，受父母教育，最有動機把父母的生活方式傳承下去。

因為這理由，猶太教在一開始是以世代相傳的方式存在，迥然有別於那些除信仰同一個領袖以外別無其他共同性的群體。家族紐帶可以強化猶太教成員的向心力，保障其存續。

血緣上的關連讓不同地區的猶太人成為一個大家庭。不管流寓到什麼地方，猶太人都知道，世界各地散布著許多與他們血肉相連的同胞。這種體認創造出知名的「猶太團結性」（Jewish solidarity），讓猶太人願意拯救與他們從無淵源的其他猶太人。這種現象一直持續不衰，其最高體現（一個讓人又敬又畏的體現）便是四面八方的猶太人紛紛從其流寓地匯聚到以色列地。

「猶太大家庭」（the Jewish family）一語並不只是比喻。

近年來，一些研究計畫憑藉著新近發明的科技，揭露了一件我們猶太人知之已久的事實：所有猶太人是最嚴格意義下的一家人。

> 二〇一〇年，《紐約郵報》報導了一位紐約大學教授的驚人研究成果（原報告刊登在著名科學雜誌《美國人類基因學月刊》）：
>
> 比較過日耳曼系猶太人①、西葡系猶太人（指西班牙、希臘和土耳其等地的猶太人）和東方猶太人的基因之後，科學家發現所有樣本（共幾百個）都包含若干相同的基因。

事實上，利比亞和英國猶太人（兩者不互通已經兩千多年）的基因共通性比同一地理區域內的猶太人與非猶太人還要大。

這不是獨一無二的研究。其他更詳盡的研究顯示出，世界各地的猶太人和中東的猶太居民具有毫不含糊的關連性。

※

猶太教儘管具有家族性格，可是並沒有對外人關上大門。

但在這件事情上，它再次顯示出自己與其他宗教的不同。以基督宗教為例，當初它因為想要變成一種世界性宗教，所以盡力放寬原則。正如高登堡教授指出，當使徒保羅宣稱「凡信基督的人都算為亞伯拉罕子女」時，基督宗教不啻是想要與自己的源頭一刀兩斷。因為保羅之言不啻是主張，即便那些血緣上不是亞伯拉罕後裔的人，一樣可以是亞伯拉罕精神上的後裔。

保羅之言基本正確，而容許改信無疑也是這種精神的最高表現。然而，保羅的「新猶太教」（眾所周知，基督宗教剛開始時只是猶太教內部的一個異端宗派）卻帶來了一個全新的宗

①主要是指中世紀時期住在現今德國、奧地利、法國北部、波蘭等地的猶太人。

教，其內涵遠遠偏離純正的猶太教。今天，因為猶太人之間環繞外人皈信的問題發生許多爭論，所以，要求皈信者接受公開改教儀式乃是一種合理的謹慎。基督宗教便是前車之鑑：不願意建立一個輪廓清楚的標準很容易製造出一種完全不同的宗教。

很多人都納悶，為什麼猶太律法要求改信者一定要遵守誡命，卻又承認一個完全不守誡命的猶太人為猶太人。

這看似一種蓄意找麻煩的不智之舉，只會導致一些有意改信的外人望而卻步。

對此，我首先要指出的是，這種讓改教程序複雜化的做法**確實**是蓄意的，但卻不是不智的。

接納外教徒改信的政策一直隨著政治環境的不同而有所改變。在猶太教的「黃金時代」，因為有許多人想要加入，會用極審慎的態度對待他們乃是難免的。但在另一些時期，則只需要向有意改信者說明當個猶太人有多艱難和危險便已足夠。我們可以用美國公民權的取得作例子來說明這種分別。

美國憲法規定，任何在美國領土出生者都會自動成為美國公民。另一方面，如果一個人不是在美國領土出生，便必須經歷冗長又累人的審查過程，以證明自己對美國忠誠，如此方可望獲得在美國領土出生者不費吹灰之力便可得到的公民權。

總之，猶太律法是把一個改教者視為「新生兒」。這個定義包含許多實際後果，但就本書的目的而言，它已足夠讓人明白（正如高登堡教授指出過的）：猶太教就其根柢而言乃是一種生物性宗教，部分要受基因法則所限制。

※

大多數歷史時期的猶太人都有一個高度共識：只要一個人是猶太婦女所生，這個人的猶太身分便確定無疑。這種規定有其實際考量（包括這最能確保一個人真正具有猶太血緣），但即便一個人的父親千真萬確是猶太人，這原則一樣有其絕對存在的必要。

為什麼呢？

精通猶太哲學的《塔木德》學者沙皮拉（Moshe Shapira）拉比對此有一個解釋：猶太教認定男性與女性之間具有一根本分別。猶太女性一生下來便自然算是猶太人，毫無例外且終生不變，反觀一名男性卻需要一道額外手續（割禮）來鞏固他的猶太身分。這表示，猶太女性從一開始便具有更深且更強的基因「荷載」，比丈夫更能夠把猶太基因傳遞給兒女。

從生物學的角度看，女性對子女的「貢獻」也確實要比丈夫多。

嗷嗷待哺的小嬰兒是從母親得到生命，是靠著母親把庫存有限的蛋白質、纖維和肌肉分享出來而獲得形體。在在看來，女性的脆弱外表是騙人的，因為只有女人有足夠的靈性與生理潛力可以把生命帶給另一個人。

如果猶太男性娶了外邦女子為妻，他的猶太人身分便會受到某種程度的削弱。因此，他無法指望單靠自己便可以把猶太特質遺傳給下一代。

※

談過一個人要怎樣才能**變成**猶太人之後，我們可以進而談另一個問題：退教是可能的嗎？事實上，猶太教並不承認其成員有任何方法可以放棄猶太身分。猶太教從不是一種致力於傳教的宗教，總是只由數目極少的一批信徒構成，但又會要求這少數人永遠忠誠。這忠誠不由個人的意願或世界觀決定，而是會自動加諸他們身上，也不可能拋棄。

即使一個猶太人徹底的改皈他教（這當然是一種可悲的行為），一樣無法磨滅自己的猶太人身分。

但不讓別人有選擇宗教認同的權利是恰當的嗎？也許不恰當，但我們一樣可以反問：不讓別人有選擇父母手足的權利是恰當的嗎？值得注意的是，猶太教是把自己視為一個猶太人不可分離的一部分，一如一個人永遠只能是他原生家庭的一份子。

回顧整部猶太歷史，可看到許多猶太人曾設法抹去自己的猶太身分，用別的身分來取代。但沒有任何把戲騙得過猶太天命（Jewish destiny）：哪怕經歷了四代人的同化，它還是可以找出具有猶太人成分的人。

在某些歷史時期，當猶太民族一員是件有面子和光榮的事。在另一些時期，這身分是個會讓人窒息的牛軛。但不管大環境為何，要擺脫猶太人身分都是不可能的，而這是當事人的後代一次又一次證明的。

例如，如果你告訴柏林的「改革派」猶太人（他們在大約兩百年前把耶路撒冷從他們的禱告書抹去），耶路撒冷有朝一日將會成為以色列國的首都，你猜他們會信嗎？

答案是八成不會相信。但事情還是發生了。

就連歐洲的同化主義者也無法想像，在他們與本地人通婚三代之後，納粹仍然不肯相信他們已經與猶太教斷絕關係。

俄國的猶裔共產主義者曾自願或被迫放棄原有的宗教認同與身分認同。何其諷刺的是，他們的後代子孫如今卻為了爭取被承認為猶太人而奮鬥。

同樣情形見於二十世紀初的意第緒主義者（Yiddishists）和工聯主義者（Bundists）——這兩個運動都致力建立一個不以宗教為公分母的猶太社會，但如今皆不留下一絲痕跡。

※

時至今日，哪怕大部分以色列人都以自己的國家和猶太人身分自豪，仍然有些猶太人認為猶太身分是不必要的枷鎖。同樣地，很多住在歐洲和美國的猶太人都設法隱藏身分，相信這身分毫無意義或只會給他們惹麻煩，甚至是一種種族主義者的標記，是自找麻煩的。還有些猶太人為以下這個問題苦惱：他們到底算是猶太人還是世界公民？然而，他們或他們的子孫遲早會知道，他們是無所遁逃於猶太教的聖約之外的。

這聖約的內容是什麼？

以下這則二〇一〇年夏天出現於以色列媒體的報導，有助於說明猶太教聖約的不可解約性質：

沙遜（Yair Sasson）是服役期間從基地失蹤的士兵。他因此被 IDF（以色列國防軍）列為逃兵。讓情況更複雜的是，沙遜開小差期間死於交通意外。接著，沙遜家人與 IDF 發生了激烈爭論，要求軍方把沙遜視為在值勤時死亡，給他一個正式的葬禮，但軍方卻主張沙遜是逃兵，其死亡不構成殉職，無權享有陣亡士兵的各種禮遇。

沙遜家人宣稱，他們兒子要是不能獲准葬在軍隊墳場，就會把他埋在家裡的客廳。終於，在沙遜死後四天，政府的法律顧問魏斯泰恩（Yehuda Weinstein）奉命去解決這爭端。他最後判定：在逃的士兵應被視為仍在服役，因此應該受到其他陣亡士兵一樣的方式安葬。

法學家和法學教授普遍認為，只要軍方繼續追捕一名逃兵，這本身便足以證明軍方仍然把該人視為士兵。因為這表示，雖然逃兵本人逃避責任，但軍方並不接受他的逃避，堅持任何情況下都繼續把他視為士兵對待。

猶太民族與其宗教締結的聖約有著類似特徵。基本上，這聖約的目的是要在猶太人與猶太教之間建立起夥伴關係，以帶給猶太民族榮耀與成功。根據這聖約，猶太人有責任肩負一個艱鉅的使命：把猶太教一代傳一代，把上帝的話語向整個世界傳布，即「把光帶給萬邦」②。然而，這種夥伴關係亦要求當事人願意付出代價。

從締結聖約那一刻開始，締約雙方便無權退出約定。猶太人有責任遵守一整組原則性規定，而造物主則有責任公開保證祂會無條件和在任何環境之下保護一整個猶太民族的存續。猶太人被賦予了一個終極使命，也獲得保證：他們的卓越會在「世界終了」之日獲得舉世公認。事實上，猶太人在流散許多世代之後仍然能回歸故土，可以在世界各領域取得與人口數不成比例的成功（詳見下文），正是聖約的有效性的一個見證。

就像那個以色列逃兵的個案，即便一個猶太人不履行責任而違背聖約，或是想方設法逃避它，造物主仍然有責任繼續履行祂在契約中的保證，也會繼續不倦地要求猶太人按照聖約的規定付出忠誠。

※

---

②《舊約．以賽亞書》五十四章記載，耶和華曾向以色列人表示：「我還要使你作萬邦的光，叫你把我的救恩帶到全世界，直至地極。」

大部分人都以身為自己民族與土地的一員自豪。幾乎任何人都相信，他們從小接受的文化和教育是最好和最棒的。但猶太人有很好的理由相信，不管用任何標準衡量，他們的文化和民族特別出眾。這不是一種主觀感覺，而是一種有毫不含糊資料（部分遍見於本書各部分）支持的客觀現象。

如果你是猶太人，又或是猶太現象讓你著迷，那本書就是為你量身訂造。

（本文由維也納「猶太靈魂認同學院」羅森伯格拉比撰寫）

Chapter 2

猶太歷史的奇怪巧合

The Strange Coincidence of Jewish History

猶太人：他們的身分證

我們來自何處，又將往何處去？

為何猶太歷史值得我們關心？

乍看之下，以上的問題乃屬多此一問。誰都會對自己的根源和家族的歷史感興趣。不過，由於古今的巨大文化距離和時間阻隔，猶太歷史看似與我們大部分人毫不相干。

那麼，猶太民族的歷史何以還值得我們花時間去研究而不只是匆匆瀏覽呢？

猶太歷史學者和導遊斯皮羅（Ken Spiro）拉比在文章〈何以有必要研究歷史？〉（Why Study History）回答了這問題（見 Aish HaTorah 網站）。不過，在談該文章前，且讓我先引用斯皮羅拉比的另一篇文章，其所談的是研究猶太歷史牽涉到哪些困難：

> 必須記住，猶太民族無可爭辯是尚存至今的最古老的民族。但因為它的成員四散世界各地，所以，要研究猶太歷史，我們便必須同時研究世界歷史的所有事件，換言之是要涵蓋一個非常廣大的範圍。

為了研究猶太史，我們必須對世界通史有大量基本知識。所以，若是把猶太史抽離於其發生的背景，我們將無法真正了解猶太人的歷史（其他民族的歷史也可作如是觀）。

猶太歷史是文明的故事，是人類文化整體的故事。由於猶太歷史與人類文化史是交織在一起的，所以，把猶太歷史放入文化史的背景來檢視，將會帶給我們一個嶄新和出人意表的觀照。

對「何以有必要研究歷史？」的問題，斯皮羅拉比的回答如下：

> 每當聽到「歷史」二字，我們大部分人都會嚇出一身冷汗。它讓我們憶起「學生歲月」，憶起反覆背誦人名、地名、日期和事件的累人勾當，而這些東西的重要性僅維持到考試為止。考試一結束，我們背過的東西便會石沉大海，忘得精光。
>
> 由此可見，馬克吐溫的話不無道理：「我從不讓學校干涉我的教育。」
>
> 通常，研究歷史的基本理由是因為人類的行為大體相似。技術會進步，世界的地緣政治面貌會改變，但人類卻常常把同樣的蠢事一做再做。如果我們不願意以歷史為鑑，向過去學習，就必然會重蹈前人犯過的同樣錯誤。
>
> 正如《妥拉．話語篇》（〈申命記〉三十二章七節）所強調的：「你當追想上古

之日，思念歷代之年；問你的父親，他必指示你；問你的長者，他必告訴你。」

對猶太教來說，這番話還有更深刻的含義。

若是我們從觀念（ideas）的觀點望向歷史舞台，看到的事物將會迥然不同。史實本身不會改變，但我們看待它們的方式卻會改變。這是我們在本系列講演中必須謹記的。我們將要談的乃是事件背後最終的因果過程，是牽動著歷史舞台上一幕幕戲劇的那些無形線繩。

◎編者註：我們知道許多與猶太教或猶太歷史相關的主題都充滿爭議。我們不想捲入日期和細節的爭論，但猶太歷史的進程看來大致可以區分為以下各階段：

- 族祖時代：亞伯拉罕、以撒和雅各的時代
- 流寓埃及時代
- 出埃及、領受《妥拉》和在曠野流浪的時代
- 進入應許之地和之後的時代
- 第一聖殿時代
- 流寓亞述與巴比倫的時代

- 第二聖殿時代
- 與希臘人交戰時代
- 羅馬人來到和第二聖殿被毀的時代
- 巴比倫作為《妥拉》中心的時代
- 基督宗教與伊斯蘭教興起的時代
- 十字軍東征時代
- 被逐出西班牙的時代
- 出現各種排擠猶太人的暴動和敕令的時代
- 「血祭誹謗」（Blood Libel）時代
- 錫安主義（Zionism）①時代
- 納粹大屠殺時代
- 以色列立國時代
- 以色列對外戰爭時代

①又稱「猶太復國主義」，最初是鼓吹猶太人在巴勒斯坦獨立建國的主張和運動。

※

本書不以學術著作自居，也不願捲入爭議，所以不會討論任何容易引發爭議或有待仲裁的題材。

本書設法呈現猶太歷史的多方多面，採取的既是一個猶太人的角度，也是一個國際的、歷史的和最新的角度。

雖然今日分布世界各地的猶太人幾乎在任何問題上都意見分歧，但至少有一個共識：猶太人是個非常特別的現象。這一點看來是絕大多數猶太人都同意的，只有極少數猶太人主張猶太教只是眾多宗教的其中之一。

猶太人之所以特別，在於他們把自己看得很特別。

不管信仰最虔誠還是最世俗化的猶太人都同意，他們隸屬的民族非同一般。在大多數猶太人心中，猶太傳統不管對個人認同或家族認同都佔有重要分量。

出了名的「猶太自大」（Jewish arrogance）正是衍生自這種自覺特別的心理。哪怕猶太人明知猶太身分認同讓他們陷於危險或不討喜，仍會表現出一種頑固的自大。這是因為他意識到，身為猶太人一員乃是一種光榮。

本書將不討論那些老是讓神學家苦惱的問題，也不討論宗教人士與世俗人士恆常爭論的那些問題。它會把焦點放在探討猶太人的獨特性：這獨特性是貫穿今日整個猶太教世界的共通元素。

希伯來人、以色列人、猶太人：他們到底是誰？

把研究猶太教當成興趣的猶太航太工業家波爾（Yigal Bor）指出過，在漫長的猶太歷史裡，猶太民族有過三個正式名稱：

- 希伯來民族
- 以色列民族
- 猶太民族

這三個歷史名稱皆沿用至今，在世界各民族中獨一無二。此一事實反映出，猶太民族一直在發展，但也一直保存著自己的古代根源。

在本章接下來的篇幅，我們將更詳盡闡述波爾的洞察。

希伯來人

「希伯來人」與「猶太人」或「以色列人」都是同義詞。然則，「希伯來人」一詞是從何而來，意義又是什麼？

亞伯拉罕是第一個希伯來人。《聖經》注釋家指出，亞伯拉罕被稱為 ivri，翻譯過來便是「希伯來人」。在希伯來語裡，oveir 是指一個「渡河去到對岸的人」，而它的形容詞形式作 ivri。所以，亞伯拉罕會被稱為 ivri，是為強調他原是住在幼發拉底河（Euphrates River）的另一邊（更精確地說是住在烏爾．迦勒底〔Ur Kasdim〕），渡河過後才遵從造物主的吩咐移居迦南（Canaan）。

不過，ivri 還包含著地理學以外的意思。據《密什那》（*Midrash*）論〈創世紀記〉的部分指出，ivri 一詞象徵著亞伯拉罕所代表的精神氣質：

猶大拉比（Rabbi Yehuda）曰：全世界站在一邊而亞伯拉罕站在另一邊。

這表示，亞伯拉罕抱持一種分離主義哲學。他像頭孤獨的狼那般，無懼於世人的非議，選擇堅持自己的信仰而反對主流的世界觀。

有些人主張，亞伯拉罕的這種特質遺傳給了他的後人，表現在猶太人的全部歷史，直至今日。猶太人會被形容為 chutzpah（大膽、有魄力、放肆、厚臉皮），就是導源於此。他們隨時準備好打破成規，不理會外在世界的虛文和它那些看似神聖的機構。

任教於「魏茨曼科學研究所」（Weitzmann Institute）而又對猶太思想研究有素的化學博士拉赫曼（Eliezer Rachman）認為，亞伯拉罕孤孤單單一個人對抗全世界的形象，象徵著菁英少數與膚淺大眾的對立。毫無疑問，猶太遺產（哪怕它的繼承者少得可憐）的基調之一便是追求完美。正如本書將會設法證明的，猶太人只佔世界人口極小一部分的事實並未妨礙他們表現出原創性和變得大有影響力。

※

無論外邦人還是猶太人（也不管他們信教或不信教），都一律同意《聖經》裡的亞伯拉罕是猶太民族的鼻祖。這事實需要一個解釋，因為亞伯拉罕的後人還包括以實瑪利（Ishmael）和以掃（Esau），而他們並不算是猶太人。另外，阿拉伯人一樣把「易卜拉欣」（Ibrahim）②奉為伊斯蘭民族的始祖和先知。

例如，被選為猶太始祖的為什麼不是諾亞（Noah）？諾亞的後代固然不全是猶太人，但亞伯拉罕何嘗不是生有以撒（Issac）之外還生有以實瑪利，而以撒除生有雅各（Jacob）之外還生有以掃？相似地，為什麼我們不選擇雅各做為猶太民族的始祖呢？他的子孫全都是猶太人，而這些後代子孫（即十二支派）組成了以色列民族。

答案是：雖然《聖經》中的猶太教也許真是始自雅各，但猶太教的精神卻是始自亞伯拉罕。亞伯拉罕比歷史上任何一個人要更率先指責偶像崇拜和鼓吹信仰唯一上帝。自基督宗教和

---

②「易卜拉欣」是「亞伯拉罕」一詞的阿拉伯文「拼法」。

伊斯蘭教從猶太教接收了這批觀念後，它們成了大部分人類的遺產。《密什那》這樣記載亞伯拉罕的信仰道路：

> 依撒格拉比（Rabbi Yitzchak）曰：好比一個人看見一座宏偉建築，心裡想：這樣的建築難道能沒有主人嗎？然後，大樓的主人俯視他，並說：我就是大樓的主人。
>
> 亞伯拉罕也是如此。他望向世界，心裡想：這世界難道能沒有主人的嗎？至聖者俯視他，並說：我是世界的主。

※

但事情不僅止於此。

正如上文指出過，亞伯拉罕和他猶太一脈的子孫有許多相似之處。可以說，猶太人繼承了亞伯拉罕的本質特徵。他的千山獨行，他的探索精神，還有他不惜付出生命也要服從上帝的命令：這些特質全體現在整部猶太人的歷史裡。

作者和詩人艾撒克森（Myron Chaim Isaacson）把亞伯拉罕的形象和猶太人的形象總結如下：

> 我們聽到不少人憤怒表示：我寧願以希伯來人自居而不是以猶太人自居。這種話

透露出一種反叛心理：「我要給自己找一種不同的身分認同，一個不同的自我定義。」不過，事實有可能與他們以為的截然不同。因為歷史上的第一個猶太人（也就是我們的始祖亞伯拉罕），正是被稱為「希伯來人亞伯拉罕」。這表示，我們最古老和最純正的定義就是我們的希伯來本質。「以色列人」這個稱呼要過了兩代人之後才隨著雅各而出現，而「猶太人」一詞又是更後來（過了許多年之後）才出現。

依我看，這正是我們始祖亞伯拉罕的奇妙之處。有關他，問他身上有哪些「宗教」成分或有哪些「世俗」成分，或問他何種意義下是個猶太人，是完全無關宏旨的。當他獲得覺悟，站在造物主面前的時候，他的盼望、他的疑慮、他的流浪、他的艱困和他的成就便已同時存在。透過堅守真理和仁愛的行為，他表現出一種與其所處時代不同的另類文化。他人生中沒有任何細節不是與追求偉大和絕對真理（即上帝）有關，而他行動中也沒有任何細節不是與以仁愛之心對待其他人類同胞有關。亞伯拉罕讓他同時代的人感到困惑迷惘，因為在當時，仁愛的行為難得一見，甚至被認為是「不正當」的。只有堅守對造物主的信仰，不理會其他血肉之軀的反彈，仁愛才可能成為一種永久生活方式。

引自 Ynet 網站

※

認識上帝之後，上帝派他去尋找希伯來人的土地。到達迦南之後，他發現那裡土壤貧瘠。亞伯拉罕沒有灰心喪志，馬上在這片荒蕪之地架起帳棚。他為他之後幾千年的子孫預備這片土地，讓他們有一個永遠感到歸屬的地方。

猶太人與他們土地的浪漫關係自此開始。然而，這片土地為什麼會被稱作「以色列地」（the Land of Israel）③而不是「亞伯拉罕地」呢？這問題把我們帶到創造「以色列人」這個新民族的第二階段。

以色列人

亞伯拉罕最小的孫子起初名為雅各，後來才改名為「以色列」。他年輕、文雅而屬靈，但卻因為害怕兄長以掃報復，被迫把一切丟下，遠走他鄉。

他接下來的人生飽經憂患，一再碰到物質和精神上的危機，得要面對迫害和巨大苦惱。他一再受欺騙，一再被追逼，備受飢餓和疾病的折騰。他的人生最低點出現在兒子約瑟失蹤之時：約瑟與幾位哥哥發生口角，被他們賣掉，導致雅各與愛子失散二十二年。

這麼一個苦難重重的人物會被挑選出來領導初生的希伯來民族並改名為「以色列」，難道是偶然的嗎？

幾乎就像亞伯拉罕一樣，雅各是猶太人形象的縮影：一個愛讀書的人，一個集文雅與智慧於一身的人，一個歡樂與憂愁幾乎一樣多的人。

這就不奇怪，當他與天使角力取勝並因此改名「以色列」之後，這個名稱會成為其部族的名稱。這個新名字會伴隨雅各一生，永遠與他相連，哪怕他的部族日後將會再一次更改名字，成為 Yehudi（「猶太人」的希伯來文）。

※

哈布拉查經學院（Yeshiva Har Bracha）的范高爾（Yechezkel Frankel）拉比指出：

> 雅各的一生是那麼多災多難，以致我們可以了解他而不為他的多舛命途所愁苦的方法只有一個：認識到雅各就是我們！
>
> 雅各就是那日後會從他繁衍出來的民族，是以色列人的縮影。他是民族道路的第一個導航者——這道路幾乎無法導航，而他子孫所經歷的歷史將會儼如障礙滑雪。
>
> 他們的處境是那麼嚴峻，我們實難理解他們何以能存活至今，且不放棄對各種人類理想懷抱憧憬。

---

③「以色列」是亞伯拉罕孫子雅各的另一名字。

就像雅各得不斷應付敵人，他的後代子孫也是如此。
就像他一再被迫流浪，他的後代子孫也是如此。
就像他必須在惡勢力面前掙扎求生，他幾千年來的後代子孫也是如此。
就像他一生不得安寧，他的後代子孫至今猶是如此。
確實，他的處境是那麼嚴峻，以致《妥拉》用過「逃命」這個字十次，有八次是用在雅各。他的人生有太多理由需要逃命或是執起流浪者之杖。
他的人生非常多姿多采，發生在他和子孫身上故事非常傳奇，但因為不斷重複發生，他們的眼睛變得遲鈍，看不出它們的神奇，只覺得自己就是雅各。這讓我們明白，只有能當一個「雅各」，才夠資格當以色列民族的純正一員：因為「以色列人」乃是一個需要與上帝和其他人類角力過以證明自己能耐非凡才配得的頭銜。

※

雅各共有十二個兒子，每人都有許多子孫，構成了以色列的十二支派。十二兄弟中以流便（Reuben）最長，但最有能力者是猶大（Judah）。猶大擁有許多神授天賦（傑出領導力、強壯體格和勇氣過人等），但更重要的是他擁有承認真理的能力與勇氣。這就是他得名的由來（「猶大」在希伯來語中意指「承認」），而因著他，猶太民族也獲得了一個永恆名稱：Yehudi（猶太人）。

「以色列」的名字要過許多年後才會被「猶大」取代。這事情發生在十二支派其中十個支派被擄走，猶太支派成為以色列地的最大宗之後。

※

雅各諸子中另一個特別值得一提的是約瑟。

斯皮羅拉比在其著作中指出，約瑟的成功乃是歷史上許多成功猶太人的原型：因為他原是逃難者，後來甚至被投入獄中，最終卻可以在埃及朝廷位極人臣。有關這點，我們會留待論「猶太成功」和反猶太主義問題的章節再詳談。

沒多久之後，雅各的子孫（現在被稱為「以色列的子女」）便在埃及站穩腳跟，成為有實力的一群。託弟弟約瑟（埃及宰相）的庇蔭，他們在埃及受到友善對待。但情況很快就有所改變。

就像歷史上無數次看到的情形一樣，四周的人因為眼紅猶太人的成功，用盡每個機會打壓他們。這民族第一次嘗到了寄人籬下的苦澀滋味。

此後，「以色列的子女」在暴虐政府底下生活了兩百多年，被迫做苦工和面對種種企圖消滅他們的制度化安排——但仍然挺了過來。

※

猶太民族最驚人的一點是他們具有異乎尋常的復原能力，這使他們可以參與到摩西領導的救贖計畫。

必須記住，埃及人奴役以色列人的主要目的之一，乃是系統化地消滅他們的民族認同和社會認同。猶太賢哲的作品詳細記載了以色列民族如何受到每下愈況的對待。這個民族的高貴品質飽受埃及文化的最低等成分所侵害。要不是以色列民族極為重視教育，這傷害看來是不可能逆轉的。

※

我們接下來要談到摩西，他是猶太領導力的典型代表。

綜觀歷史，每次猶太人遭到放逐，發現自己置身在一大堆宗教中間，都有當地的猶太領袖興起，帶領族人堅持信仰和民族身分認同。然而，這些領袖不管多麼不凡，多麼具有激發性，影響力總是只及於一時一地。

記住這個，我們就會知道，摩西堪稱猶太全民族的第一位領袖。雖然有些人質疑他的領導權，但從沒有人能夠真正挑戰他的地位。

※

猶太人出埃及的故事——一則走出奴隸和走向自由的故事——在歷史中並無前例。這事件記載在《聖經》裡，其後反覆在其他民族與個人心中引起共鳴。例如，美國的開國諸賢便是在出埃及的故事裡找到激勵他們反抗英國暴政的力量。

在我們上一代，民族主義的浪潮席捲全世界，而「出埃及」的榜樣看來在民族主義者心中有不小分量。

猶太人從埃及得贖乃是第一個記錄在案的民族解放事例。然而，根據《聖經》記載，猶太人並沒有一下子獲得自由，而是先得在曠野裡流浪四十年。這四十年也是一個決定性時期，因為它將把以色列民族熔鑄為「聖經的百姓」（People of the Book）：這是發生在摩西登西奈山領受了《妥拉》（猶太律法的完整彙編）之後。

※

以色列人初到埃及時還算不上一個民族，只能算一個大家族。但幾百年之後，它卻變得異常壯大。正如《聖經》記載的：「以色列人生養眾多，並且繁茂，極其強盛，滿了那地。」

繼而，在曠野流浪四十年之後，這民族開始返回以色列地。這種回歸也許是完全合邏輯的，但我們卻不能忽略一個細節：雅各家族在離開以色列地時只是一個中等大小的家族，也對這土地的繼承範圍有清楚界定。然而，當他們回歸之時，這家族的人數已經增加了不知多少倍。但不管他們已經離開了許多代，也不管他們的人數已經增加到天文數字，他們仍打算定居在迦南全地，而這是因為他們深信，這地是上帝為他們預備。

這讓我們再一次明白，迦南這塊猶太之地在猶太歷史中佔有一特殊地位。

在在看來，猶太人與他們土地的心心相連關係並不是他們定居那裡多年之後才培養出來的。正相反，這種關係是打從亞伯拉罕到達那裡便告產生。雖然雅各的子女在以色列地只住了一小段短時間便離開，自此幾百年未歸，但他們繼續感受到自己與那土地有一種不受條件限制的關連性。

一個龐大部族萬人一心地朝他們從未去過的地點進發——這現象是獨一無二的。最近似的例子是鳥類的遷徙。

※

在曠野流浪四十年之後，他們進入了迦南地，取得控制權。這過程涉及戰爭和佔領。不管是從歷史、政治還是倫理的角度出發，猶太歷史的這一章顯然都充滿了挑戰性。

近年來，所謂的「新歷史」在以色列受到左翼史家和後錫安主義者（post-Zionist）的鼓吹。他們認為，有關獨立戰爭和以色列建國的感人故事都扭曲了歷史真相，是一種錫安主義的宣傳品。

例如，他們主張，在對抗阿拉伯人的戰爭中，有些黑暗和不討喜的面向被隱瞞了起來。以色列軍隊不只佔領了「綠線」之內的某些地區，還用野蠻手段驅逐其居民。

這些學者的影響力可以透過兩本刊物的明顯對比而看出。一本是《火柱》（*Amud Ha'eish*），一本是《復興》（*Tekumah*）：前者出版於幾十年前，其中充滿錫安主義的基調，與教育部的官方說法口徑一致；後者出版於以色列建國五十週年，它從另一個角度描述了以色列的建國故事，明顯具有後錫安主義者色彩。

但值得指出的是，就連「新歷史」最激進的鼓吹者都沒有對以色列的古代史提出質疑，而是相信《聖經》裡記載的事情真實發生過。

最終來說，猶太人對以色列地的所有權主張乃是以猶太民族的古代史為基礎，是因為這裡原是他們祖先的居地。他們現在會住在這土地，完全不是出於偶然，而是繼承了祖輩的產業。

《聖經》記載，當時的迦南地共住著七個民族。他們在「以色列的子女」從埃及歸來後被驅逐。進行這驅逐的人是誰？不外就是「以色列的子女」本身。

《聖經》記述了這次佔領，而如果我們把它當成史實來看，就會看出全幅畫面。中東各民族一直以來都知道，亞伯拉罕幾百年前從上帝領受了一片介於埃及和巴比倫之間的土地。接下來幾百年，這些民族又聽說，亞伯拉罕的不幸後人正在埃及受苦，飽受妄自尊大的法老王的殘酷奴役。這些年間，迦南慢慢被一些流浪的部族佔滿，他們定居下來，享受著政治上的自由和怡人的氣候，逐漸不再為土地原主人會回來的可能性擔憂。

然而，難以想像的事情還是發生了。靠著上帝所行的一連串奇蹟，以色列人衝破埃及帝國的鐵牆，通過曠野，覓路返回祖先的土地。這消息震撼了整個中東地區。《聖經》記載，世界沒有一個民族不知道這消息。米甸（Midyan）的祭司葉忒羅（Jethro）是最早明白這場不可思議革命箇中意涵的人，也很明智地選擇了加入以色列民族的行列。

其他民族的反應各自不同。摩押人（Moabites）的反應是以毒咒詛咒「以色列的子女」，亞瑪力人（Amalek）的反應是發動進攻。約書亞派去耶利哥城的探子從喇哈（Rachav）那裡得知，迦南人聽說以色列人怎樣衝破埃及鐵幕和分開紅海之後，害怕得簌簌發抖。

準備好在約書亞的帶領下進入迦南時，以色列人先是對那裡的佔住者發出一個和平信息：「你們住在這裡是不合法的。帶著你們的家當離開吧，以色列的子女已經回來了！」

有些人聽從呼籲，靜靜離開，但其他人厚顏無恥，決定要與早已在戰場上收割豐碩戰果的以色列民族決一死戰。他們一一被打垮。

以色列人在這些戰爭中遵守著最高的倫理守則。他們會在戰爭中表現得那樣勇猛，毫無疑問是因為深信這土地是上帝所賜予。

第一個黃金時代

控制了迦南地和把它的土地在以色列各支派之間分配好之後，猶太人的歷史進入了士師（Judges）時期。有幾百年光景，這個民族都處於一種多頭馬車但卻政治穩定的狀態。正如《聖經》所描述的：「那時以色列中沒有王，各人依自己眼中為正的事而行。」

以色列與鄰國的關係時好時壞。就像今日一般，當時的以色列人只有兩個選項：發生小衝突或爆發大戰。這就是生活在以色列地的宿命。

後來，在先知撒母耳領導期間，這民族想要建立君主國家。掃羅被選立為王，開啟了列王統治的時期。這些王有些比較傑出，有些不那麼傑出，而最傑出的是所羅門。

所羅門的統治讓國家在經濟和文化兩方面都極其繁榮。這是以色列民族的第一個黃金時代：既有自己的國土，又有明智的政府，享受到安全和穩定的生活。所羅門的智慧吸引著全世界的領袖向他親炙。

所羅門所建的聖殿是美的極致，是一個供所有人禱告的地方。十二支派的統一把以色列造就為一個超級強權，一如美利堅各州的統一使美國成為一個超級強權。

※

然而，後來情況出現變化，讓以色列人的成功無以為繼。

一切要從耶羅波安（Jeroboam）說起：他不滿所羅門兒子羅波安（Rehabam）的統治，決定要分裂王國。他佔去國家一半土地，建立起一個新首都、一些新的聖殿和一個獨立政權。

以色列民族這種近似蓄意的自我摧毀行徑非常值得研究。在這之前，有許多年時間，這民族都是默默受苦，但又保持團結，而這是因為他們內部沒什麼好爭的。然而，所羅門締造的富強（就像今日以色列的富強一樣）卻導致許多潛伏的雜音浮出表面，形成尖銳的內部敵對。

有一種理論認為，上帝為以色列人製造敵人的一個主要目的是使其各階層團結起來。這理論是有道理的。每當和平當道，人們就會覺得無聊乏味，產生彼此相爭的慾望，摧毀的力量也因而被釋放出來。反觀每當這民族受到迫害，它都會知道怎樣團結和攜手合作。在兩個王國分立的時期，分離主義和爭吵的趨勢讓以色列民族的各種美好品質受到侵蝕。人們的道德水平大為下降，引起眾先知一再憤怒譴責。

有些國王明白先知的真正角色和重要性，所以雖然有時受到先知譴責，仍會繼續容忍。但有些國王卻把先知的話當成耳邊風，甚至大聲斥責先知。

※

這民族的自我定義中一個重要成分就出現在這時期。從「以色列」民族到「猶太」民族的轉換，發生在亞述人佔領了以色列王國北部和把當地的十個支派放逐到天涯海角之後。自此，猶大的文化遺產變成了這民族主要的文化遺產。南王國因為以猶大支派為大宗，又被稱為「猶大王國」，而其百姓也逐漸自稱為「猶太人」。順道一說，《聖經》裡的「猶太人」一詞最早出現在〈以斯帖記〉（Book of Esther）。

值得一提的是，與猶太教近兩千年來顯示的頑強生命力迥然不同，那十個被擄的支派後來被流放地的其他民族完全同化，不復留下任何原有的民族特徵。在在看來，正是他們當初對猶大王國採取的分離主義，導致這十個支派的民族認同在流放期間進一步分崩離析。

上個世紀，有好些研究計畫致力於找出被擄那十個支派的分布地點和後人，但迄今仍無鐵證可以證明哪些國家或人群與那十個支派有關。總之，北王國消失以後，以色列地剩下的便只有猶大支派、便雅憫支派和其他十個支派的少數代表。這時聖殿還存在。

※

徹底的摧毀發生在幾百年後。

巴比倫王看準以色列國王軟弱無能，出兵征服了耶路撒冷，又把大量居民擄走。聖殿亦被夷為平地。

由此而開啟了以色列民族新的一章：這是流放的一章，發生在異域他鄉的一章。這期間，猶太人遠離故土，對家鄉日念夜想。

※

在這七十年的流放期間，猶太民族雖然處境嚴峻和深受亡國之痛，但仍然奮力保存自身的民族認同，努力不被並存於巴比倫和波斯的眾多文化所吞沒。固然有若干猶太人接受了同化，但日後的歷史將會證明，這種同化不是不可逆的；只是一時的，不是永久趨勢。這種堅持有多麼不容易，只要一經比較便可看出：移民美國的愛爾蘭人僅僅幾十年後便拋棄原來的文化認同，完全融合到美國文化之中。

在放逐巴比倫期間，永恆的希伯來民族再一次證明自己有能耐挺得住嚴峻的環境——〈以斯帖記〉對此有詳細記載。根據《聖經》的編年系統，以斯帖的故事發生在「第一聖殿」被毀和「第二聖殿」興建的同一個七十年之間。

從〈以斯帖記〉的經文，我們得知被擄的猶太人採取一種分離主義態度，努力於保存自己獨一無二的文化：「有一個民族散居於所有其他民族之中……他們並不遵奉王的禮儀。」這種情形與納粹大屠殺發生之前的德國形成鮮明對比：當「最後解決方案」付諸實施之時，德國猶太人已經連續四代融入了德國社會之中。

第二聖殿及其毀滅：一個悲劇收場的輝煌時期

第二聖殿時期是古代猶太史中留下最多記載的時期，而這是拜一些宗教領袖努力把習俗、傳統和律法整理為書面文件所賜。

這時期持續了幾百年，期間民族的靈性生命獲得了一些讓人敬畏的成長。然而，這時期的國運同樣是起起落落，最終以聖殿的第二次被毀結束。

人們並沒有記取聖殿第一次被毀的殘酷歷史教訓，依然重蹈覆轍。他們與其他文化的關係降至新低點，而猶太人之間也是陷入嚴重內部對立分歧。

雪上加霜的是，第二次毀滅的深廣程度比第一次猶有過之。事實上，它持續了差不多兩千年，直至今日才隨著以色列國的立國而復甦（但只是部分復甦）。在這近二千年的時間裡，猶太民族經歷了數不清的考驗與苦難。

但正如以色列國歌《希望》（*Hatikvah*）提醒我們的，猶太民族並未失去盼望。第二次流放雖然歷時更長也更為艱鉅，但神奇的是，猶太民族並未被絕望的情緒麻痺。猶太人利用放逐的黑暗來砥礪自己的創造性，獲得許多異乎尋常的成就。更讓人驚異的是，猶太人把這趨勢帶進他們足跡所及的每個地方。不管是在歐洲、非洲還是亞洲，凡落腳在哪裡，他們都會在各個知識領域大放光采，與此同時又保存原有的身分認同。

下面會有專章談論猶太智慧和「猶太頭腦」（Jewish brain）這個讓人目眩神迷的現象。

※

第二聖殿被毀之後，整個猶太民族分離四散。從此時起，他們將會棲居在地域上相隔遙遠的不同地區，過上顯著不同的生活方式。

在原來的以色列國土，殘存著為數不多的猶太人，但無以為繼。到最後，整片以色列地也看不到半個猶太人。

起初，巴比倫和非洲成了猶太人的主要落腳地點（巴比倫本就住著許多第一次流放的猶太人）。稍後，猶太人將會抵達西歐，再慢慢向東散布。

這部歷時二千年的流放史持續直至今日。在這二千年間，猶太傳統持續發展——它在外觀上有時會有所變化，但從不會失去基本精神。

※

猶太律法的巍巍彙編《塔木德》就是完成於巴比倫。自此以後，所有最偉大的猶太心靈都會日以繼夜地鑽研它。就內容來說，《塔木德》匯集了各種對猶太律法的細緻討論，但就實際作用而言，它卻相當於猶太教的中心基礎。

羅馬皇帝提圖斯（Titus）把大量猶太人擄至羅馬。他們有許多淪為奴隸，其他則是被扔到鬥獸場去餵獅子。接下來幾代的猶太人將會散布到整個歐洲，首先是法國，接著是德國，然後又去了東方。也有些猶太人去了非洲：有些是被賣去非洲當奴隸，其他則是通過直布陀羅海峽移民北非。

《塔木德》記述，有四個「加昂」（Gaon，猶太經師的尊稱）先後遭綁架，被賣到天涯海角為奴，後得當地猶太社群付出贖金恢復自由，開始在地方上傳授猶太學問。

接下來的年月，猶太人的際遇將會有時好，有時壞。

西班牙猶太人享有過一段黃金時期。同樣地，埃及猶太人在邁蒙尼德（Maimonides）④擔任大臣和皇家科學家的時代也享有過美好歲月。

諷刺的是，當時的歐洲正處於最黑暗的時代。伊斯蘭國家的猶太人享有相對的自由和完全的宗教生活，反觀歐洲的猶太人卻得忍受政府針對他們而設的種種殘忍對待。十字軍東征在西元第一個千年伊始揭開了迫害猶太人的序幕，繼之以是「血祭誹謗」、屠殺和驅逐（最大規模和最知名的一次是被逐出西班牙），其最巔峰表現是我們時代的納粹大屠殺。

今天，我們在基督宗教國家已較少聽到歷史悠久的仇猶論調，不幸的是，伊斯蘭世界卻開啟了一條反猶太主義的陣線，又特別是反以色列國的陣線。

上面所述便是猶太人走過的歷程。但今日的猶太人仍然處於流散狀態，繼續需要掙扎求存，但也繼續在各領域表現傑出。接下來，且讓我們以近鏡看看這民族一些讓人刮目相看的特質——它們在今日所表現的獨特性相較於昔日毫不遜色。

④ 邁蒙尼德（Moses Maimonides, 1135-1204）：中世紀數一數二的猶太哲學家，又是天文學家、《妥拉》學者和醫生，生於西班牙的哥多華（Cordoba），其希伯來文全名為 Rabbi Mosheh ben Maimon（邁蒙之子摩西拉比）。下文還會多次提及。

Chapter 3

成就

Accomplishment

猶太人：禍害還是好榜樣的？

猶太人賴以突出的祕訣

導言

根據美國中情局二〇〇七年的統計數據，猶太人佔世界總人口的〇．二三%。換言之，每五百人便有一個是猶太人。但奇特的是，它獲得的注目程度卻大如一個佔世界人口十分之一的民族。另外，猶太人人數少的事實並未有妨礙他們在許多領域（通訊、學術、政治與經濟等）取得大有影響力的地位。

猶太人一向被認為是異常聰明的民族。從古代以至今天，他們都以深思、老練、聰明甚至狡猾著稱。他們的成功同時表現在個人和民族的層次上。

簡言之，我們可以把世人對猶太人的觀點歸納為四個命題：

- 猶太人被視為一個獨一無二的民族。
- 猶太人在社會、政治、經濟、意識形態和科學的領域都大有影響力。
- 不管在個人還是群體的層次，猶太人都表現得非常傑出。
- 猶太人是個聰明和有天賦的民族。

接下來幾大節將一一闡述這四個命題，用事實和數據來加以證明，並設法說明這種異乎尋常現象的理由。

※

目前有幾個問題猶待回答：

猶太人會那麼盛名遠播，是和「大離散」（dispersion）有關嗎？猶太人是因為有機會與很多其他地域接觸而大展所長嗎？

不管答案為何，猶太人「大離散」的範圍為何會如此廣大？世界上沒有一個民族的足跡遍布程度比得上猶太人。除了那些明令禁止他們居住的地方，地球表面每個大城市都住著猶太人。

這是什麼造成的？為什麼猶太人表現得那麼傑出？

什麼是「猶太才華」（Jewish genius）？真有這種東西嗎？如果有，那它是由基因造成，還是由文化造成？（有些科學家認為是前者，有些認為是後者。）

猶太智慧與其他民族的智慧有別嗎？如果有，差別在哪裡？

接下來幾大節將會探討這些問題。

猶太人現象的典型特徵

非凡貢獻

「猶太成就」（Jewish achievements）網站專門羅列猶太人在各領域的成就。這網站的獨特之處在於它是由一個叫皮爾斯（Steven Pease）的非猶太人自願成立（皮爾斯還著有《猶太成就的黃金時代》〔*The Golden Age of Jewish Acheivement*〕一書）。他在網站首頁寫了如下一番話：

> 美國知名企業家克魯格（John Kluge）曾被問及，他既然是外邦人，何以會捐款一百萬美元給耶路撒冷的「托拉之火世界宣教中心」（Aish Ha Torah's World Outreach Center）。他回答說：「去年我滿八十歲。在生日宴會上，我意識到我有八成朋友是猶太人。我一向佩服猶太民族，景仰他們對人類的貢獻和對世界的教化。『托拉之火』致力於把猶太人重新連結於本族文化遺產，強化他們的根柢，教導他們這文化遺產的價值，以使猶太民族能夠繼續在歷史上扮演無比寶貴的角色。」
>
> 我在本網站所做的事完全無法與克魯格先生的慷慨相比，但卻是出於類似的衝動：我有許多讓我獲益匪淺的猶太人朋友，我欣賞猶太人過去四千年來所扮演的極寶

貴角色，所以想要努力表揚他們的成就與文化。

我自小生長在長老教會的環境，身上流著蘇格蘭、愛爾蘭、英國和德國血統，與任何猶太基因都沾不上邊。不過，我卻認識無數猶太人：幼稚園時代的玩伴、給我第一份線上管理工作的老闆、數不清的同事、我需要向之報告的董事會、需要向我報告的僱員，還有許許多多的競爭者、同事、董事會同仁和朋友。所以，猶太人長久以來一直在我人生中扮演重要角色。我毫無要貶低非猶太人的意思，但猶太人在活力和決心上的表現極為怡人，不下於他們的友誼和幽默感。范德堡（Vanderbilt）大學的校長高登．基（Gordon Gee）說過：「出於他們的文化、他們的能力和生性活力十足，猶太人讓一家大學在知性生活上變得宜居許多。」這也是我的切身感受和書寫本書的主要動機。

巨大無倫的身影

英語「維基百科」的「猶太教」條目內容龐大，擠滿許許多多指向不同猶太主題的連結。與「印度教」的條目一比較（印度教有十億信徒，猶太教只有大約一千五百萬信徒），便會知道前者的規模大得完全不成比例。

網路和任何公共圖書館裡有關猶太主題的材料都極其豐富。神奇的電腦科技讓人彈指間便可挖出一大堆讓人又敬又畏的統計數字。例如，如果你進入「維基」的「傑出人士」條目，隨機做出一百二十個抽樣，會發現至少有七％是猶太人。由於「維基」的撰文者一般不會提傳主的宗教信仰，所以堪稱「傑出人士」的猶太人說不定不只佔七％。

很多時候，「維基」不會提一個傑出人士或名人的猶太身世。這要麼是因為撰文者覺得不值得提，要麼是因為這些名人本身竭力隱瞞自己是猶太人的事實。後一種情形又是出於兩種原因之一：當事人擔心受到反猶太主義者騷擾，或是（這很糟糕）對自己的猶太人身分引以為恥。

基於這種種原因，必須頗費一番工夫，才可以揭示出猶太人知之已久的一個事實：許多響噹噹的名字後面都有一個猶太頭腦。雖然有些響噹噹的名字——如阿德曼（Adleman）和魯賓斯坦（Rubinstein）——明顯是猶太姓氏，但這並不是通例。而且，不少小傳的撰文者也懶得提傳主是猶太人的事實。通常，我們必須把許多不同的資料排比在一起，方會曉得某著名人物原來是猶太人。

以下的軼事很好說明，想要鎖定一個成功猶太人的猶太身分何以會那麼困難。尼曼（Yuval Ne'eman）教授在為數學天才費曼（Richard Feynman）一本著作所寫的序言中談到兩人的一次談話。在座還有諾貝爾物理學獎得主蓋爾－曼（Murray Gell-Mann），三人都是猶太人。

出發去以色列前夕，我約了費曼和蓋爾－曼一起用餐。席中費曼問我：「保存這種化石似的老古董（指猶太民族）意義何在，鼓勵他們快速同化不是更好嗎？」

我列舉出猶太人在過去的成就和猶太科學家對現代科學的貢獻，但費曼不以為然。「哼，猶太人的貢獻能跟匈牙利科學家相比嗎！後者才叫扎扎實實的貢獻。」

聽了這話，蓋爾－曼問他：「你不知道你說的那些匈牙利科學家都是猶太人嗎？」事實上，費曼並不知道。

接著，我們話題轉向彼此的猶太血統。讓我嚇一跳的是，哪怕費曼和蓋爾－曼已經共事了大約十年，他們從未告訴對方自己是猶太人。接著費曼取笑蓋爾－曼，說他在姓氏加上一橫①，顯然是想隱瞞自己的猶太背景。

這個典型故事讓人聯想到《克里夫蘭猶太新聞報》（*Cleveland Jewish News*）一篇報導，其標題是〈被排擠的猶太人學會以「打破定格」的方式思考〉（Jews, Pushed to the Side, Learned to Think 'Out of the Box'）。

文中提到，一個由維格納（Eugene Wigner）、諾伊曼（John Von Neumann）、西拉德（Leo Szilard）

①即「蓋爾－曼」這個姓氏原作「蓋爾曼」。

和馮・卡門（Theodore Von Karman）等人組成的頂尖匈牙利科學家群體有一名成員去世，登出一篇訃文。怪的是，這些人雖然使用匈牙利姓氏，但全都是猶太人，訃文對此卻隻字未提。

※

這就不奇怪，即便我們費盡力氣搜尋，仍不會確定是否已經窮盡猶太成功現象的全幅度。所以，本書提供的材料儘夠讓任何人嚇一大跳，仍不敢自稱已經把猶太人的成功廣度盡現無遺。

引人動容的數據

在統計數據網站 adherents.com 上，我們可以找到一大批寶貴資料，支持猶太人表現異常傑出之說。就總人數和他們達到的成就的比例而言，猶太人超出所有其他民族。

例如，名列「著名猶太人」清單的人數並不比「著名基督徒」少很多，又比「著名穆斯林」清單的人數多許多。跟另一個同樣是被迫害的少數民族（吉卜賽人）相比，猶太名人的人數更是多出不知多少倍。

雖然這不是一種精確的統計方法，但無疑仍指向了一個趨勢，更何況該網站的創立人並不是猶太人，而是一位名叫亨特（Preston Hunter）的德州程式設計師。

該網站上其他引人動容的統計數據包括：

- 人類歷史上一百位最有影響力的人物中，有七%是猶太人（其中一些名字你大概猜得到：摩西、愛因斯坦、馬克思、弗洛依德、耶穌和使徒保羅）。
- 美國五十二州的州長中，有四%是猶太人——考量到猶太人在美國總人口的比例和猶太人傳統上更喜歡站在幕後影響政治的事實，這個數字益發讓人印象深刻。
- 在歷史學和科學最有影響力的人之中，猶太人佔十六%。
- 文學與藝術中提到猶太教之處共八百次（提到基督宗教之處是兩千次）。

世界上最著名的民族

《著名人物》（*Famous People*）是一幅油畫的名稱，由三位聰慧的畫家聯手創作而成。他們以圖畫、雕塑和雕刻為藍本，讓古往今來一百位最具影響力的人物齊聚一畫中。

作畫的三位藝術家無一是猶太人，不過，被他們選中的名人卻有九位是猶太人：所羅門王、愛因斯坦、弗洛依德、馬克思、史匹柏、夏龍（Ariel Sharon）②、沙克（Jonas Salk）③、奧本海默（Robert Oppenhelmer，原子彈的共同發明人）和列寧。

這些人選者之所以入選，有些也許帶有運氣成分，但他們的比例仍然忠實反映出猶太名人眾多的程度。因為在回顧過數以百計的研究之後，我們得出一個一致的數據：猶太傑出人物在世界傑出人物所佔的比例至少要比猶太人在人類總人口佔的比例高三倍。這是個保守的估計，因為在有些研究結果中，這比例可高至九倍，甚至更高。

---

② 以色列知名將領，後曾出任總理。

③ 美國病毒學家，小兒痲痹症疫苗的發明者。

Chapter 4

一個世人皆感興趣的民族

The World´s Attention

猶太民族：吸引全世界目光的磁石

二〇〇五年夏秒，我人在奧地利的渡假城市薩爾斯堡（Salzburg）。當時是八月中，而以色列全國上下都牢牢坐在電視機前或收音機旁，注意著以色列國防軍撤走「古什卡蒂夫」（Gush Katif）①居民的進展狀況。這次行動被稱為「脫離加薩地帶」。

在我落腳的民宿裡，我驚訝地發現，原來不只以色列全國上下關注「脫離加薩地帶」行動，就連我的房東夫婦（一般的中產階級奧地利夫妻）也盯著電視看了幾小時，留意著以色列傳來的相關報導。不知情的人會以為被撤走的猶太人中有他們的親戚。

奧地利媒體明顯不是傻瓜，而是清楚知道撤離行動會引起廣泛關心。

看著那對奧地利夫妻雙眼如飢似渴地盯住每一小段報導，我不禁在心裡納悶：這事情跟他們有什麼關係呢？這種興趣是緣何而來？國際媒體有什麼理由要關注位於非敘斷層帶（Afro-Syrian fault line）一個蕞爾小國發生的事？

三年後，當歐巴馬以總統候選人身分前往以色列從事競選活動時，我再次感到上述的納悶。柏林有二十萬人等著看這位充滿魅力的明日之星，但他卻選擇跑去以色列會見一些無聊乏味的政治人物和忍受無窮無盡的交通壅塞。儘管如此，這位競逐世界超級強權總統寶座的人顯然知道，他想得到大位，有必要跑一趟以色列和哭牆。

他造訪哭牆的電視轉播畫面堪稱世界事件。一個有生意眼光的年輕人成功把這位候選人塞進哭牆縫隙裡的紙條抽了出來②，引起世人的一片騷動。歐洲和美國媒體全都無法自已地不斷引用和分析這紙條的內容。

這現象足以讓我們駐足沉思：以色列的面積比紐澤西州（美國最小一州）還要小，卻成了世界新聞的最熱焦點。

※

一個月後，俄國對鄰國喬治亞發動攻擊。不到一天，報紙頭條便滿是有關以色列和猶太人涉入該戰爭的報導。原來，喬治亞的軍事顧問有許多是以色列國防軍的前高階軍官。於是，各種極盡想像力之能事的「猶太國際陰謀論」不脛而走，指說以色列為了提高國際地位，不惜與俄國這個大國過不去。

這時，以色列人都非常熱心收看一些高階喬治亞政府官員接受的訪談——他們其中三位（都是內閣部長）是以現代希伯來語接受訪問。

① 加薩地帶猶太屯墾區之謂。
② 歐巴馬造訪哭牆時曾把寫上心願的紙條塞進哭牆縫隙祈福。

看到這現象，一般以色列人和全世界的旁觀者難免都會問自己：這民族是怎麼有辦法在世界每件重大事件都湊一腳？難道說，反猶太主義者提出的「猶太國際陰謀論」有其真實成分嗎？

這些問題我們稍後再回過頭探討，目前我只想指出，猶太人深受世人矚目的現象真的非比尋常，也許從未被認真研究過。

雖然以色列會引起世人普遍關注，部分原因毫無疑問是它持續與四鄰國家發生摩擦。不過，與世界其他地方的衝突相比，中東衝突所獲得的報導要多上幾百倍。數以十計的歐洲、美國和沙烏地使節團絡繹前往以色列，許多西方人認為中東衝突與他們憂戚相關，而這衝突也常常是聯合國和海牙國際法庭爭辯的主題。

世人都非常關注猶太人和以色列。一個到香港出差的以色列人曉得，他準會在飯店房間看到有關以色列的報導。他會在電視上看到家鄉的熟悉街景，看到以色列國會裡的熟悉臉孔。反觀住他隔壁的瑞典或挪威旅客則只能靠著親友寄來的明信片看到家鄉事物。

所以，再一次是這個問題：什麼原因讓世人對這個蕞爾小國如此感興趣？

※

總是注目的焦點

今日的世界是個多元文化世界。各種遙遠或原始的文化都得到了正當性。在多元主義、多元文化主義和後現代主義的鼓吹下，各種徹底非西方的行為都得到諒解。再原始的物事只要與某種文化論述扯得上關係，便會被認為值得尊敬。

在這種情況下，對猶太教與日俱增的興趣部分受到了人類學研究的五花八門文化所遮蓋。然而，只要稍微回顧歷史，我們便會知道，在幾百年前，當人類還沒學會尊重異文化以前，猶太教在西方國家的統治者、專家學者和一般人眼中一直是個最高階的文化挑戰與知性挑戰。

有鑑於猶太人在身處的社會總佔極少數，而且通常只具有次等或三等公民地位，他們深受注目的現象顯得格外不尋常。

埃及

雅各的後人在埃及落腳多年之後，建立起一份不算大的家業，但法老王領導的埃及政府卻開始把他們的存在視為戰略威脅。

當他們獲得解放，這事件又吸引了全世界的目光。

鄰國米甸的宗教領袖葉忒羅更是深受震撼，乃至決定加入猶太民族的行列。

換成今日的用語，我們大可以說，「以色列子女」爭取獨立的奮鬥在當時成了報紙的頭條，向國際媒體發出陣陣的衝擊波。

曠野

走出埃及之後，以色列民族為返回故土而穿過曠野，不意卻招來亞瑪力人的攻打。亞瑪力人對一個事實不予理會：以色列人是個長期受苦的流浪民族，唯一希冀只是在飽受幾百年的奴役和折磨後找個地方重新安居。

讀者應該可以看出，這場戰爭與猶太人在納粹大屠殺之後面對的戰爭多有相似之處，可見不是偶然事件。在在看來，打從其重新落腳於巴勒斯坦開始，這民族便為自己招來了敵意。接下來四十年，以色列人一再受到攻擊，但屢戰屢勝，先後打敗過以東人（Edomites）、亞拉得王（king of Arad）和亞摩利人，戰績彪炳。

之後他們的敵人換成了摩押人。以色列人的臨近使巴勒王（king Balak）感到不安。他本身是個巫師，喜歡藉助巫術來作戰，所以雇用巫師八蘭（Bilam）來施法對付以色列人。

米甸人（Midianites）用的是不同戰術：設法教壞以色列人，削弱他們的道德感。

在所有這些事例中，向以色列人迎來的敵人都是那些他們沒傷害過的民族。所以，哪怕在這個早期階段，有一個問題便已要求我們作答：是什麼理由讓這些民族著魔似地想要打壓幼小和初生的以色列民族？

後來，世人慢慢習慣了這個民族的存在。它被視為比賽場上的新選手，不能掉以輕心。再後來，世人將一次又一次學會，猶太人的存在是多麼有意義的事。事實證明，你可以恫嚇猶太人甚至殺戮他們，卻無法輕視他們。

世人對猶太人撲天蓋地的關注並不限於軍事上的攻擊。所羅門王在位期間，也就是猶太民族如日中天之際，這民族乃是世人的豔羨焦點。《聖經》的〈列王紀〉記述，示巴（Sheba）女王（示巴大抵是今日的衣索比亞）因為景仰所羅門王，率領盛大代表團前往耶路撒冷朝覲，想要從他身上獲得教益。

以色列地

在迦南定居下來之後，以色列人終於可以生活得較為平靜，但為時並不長。他們很快便受到四鄰敵視。再一次，就像今日一樣，這敵視並不是因為猶太人做了什麼而引起，純粹是因為四鄰看他們不順眼。

如果我們把以色列人與鄰國發生過的戰爭列成清單，馬上就會發現，這些戰爭並不是偶然的小型摩擦或邊界糾紛，而是火力全開的大戰。敵人總是從四面八方而來，目標永遠只有一個：殲滅猶太民族。

※

把外國對以色列地有過的各種征服視為只是軍事佔領，乃是一種錯誤史觀。以色列地並不是外國強權征服世界路途上的一站，而是最終目的地。各民族莫不懷有一種深切渴望，想要控制這片土地和它的住民。

希臘人強迫猶太人接受希臘文化，巴比倫人把戰勝猶太人視為無上軍事成就，羅馬政府傾全力鎮壓猶太人——但猶太人的頑強和生存耐力讓他們目瞪口呆。

※

約兩百年前，法國皇帝拿破崙曾向猶太人示好，表示願意幫助他們重回故土：

以下乃法國總司令拿破崙致巴勒斯坦合法繼承者之語：

以色列人，獨一無二的民族啊，幾千年來，征服和專制的貪慾剝奪去汝等的祖居地，但卻無法剝奪去汝等的名字與民族生存！……起來，你們這些滿心歡喜的流亡者！起來，你們這些巴勒斯坦的合法繼承人！本大國（指法國）並不買賣人口與國家……現在呼籲汝等，在本國的保證和支持下，去取回那被征服的故土，再次當它的主人……快！現乃千年不遇之機，快向這幾千年中可恥地奪去汝等權力的人們伸張公民權，伸張你們做為萬國中一國的政治地位……

有很長、很長一段時間，全世界的眼睛都盯著聖地。基督宗教世界先後發起三次十字軍東征，唯一目的就是控制這個與歐洲日常生活了無關係的地理實體。

投效日耳曼國王腓特烈和英國獅心王理查麾下的大批民眾完全不是為了個人利益。他們知道十字軍東征總會結束，屆時他們將會回到故鄉，重新過著簡單的家庭生活。既然如此，他們何必冒著生命危險參加東征？理由是，以色列地和世界其他任何地方都不同，是一個重要象徵。誰控制了它，誰就可以控制全世界。

伊斯蘭世界也沒有片刻停止企圖征服這片土地。馬古路克（Mamelukes）、突厥人和撒拉丁（Salah ad-Din）輪流取得以色列地的控制權。基督徒與穆斯林持續戰爭幾百年，連番大戰見證著每個人都把這聖地看得無比重要。

反觀非洲和亞洲的大片土地卻乏人問津，這種情況至今未變。迦南人的土地不過是世界極小一隅（從它的一頭去到另一頭只需三小時車程），卻像磁石般吸引著每個人的心。

聽起來雖然稀奇，但這現象的強度從未降低。哪怕是在以色列已經建國的今天，爭奪控制權的鬥爭仍然持續，幾乎世界每個國家都想要在這裡發揮影響力。美國人想要達成和平協議，歐洲人派出一個又一個代表團，阿拉伯世界則要求完全擁有這地區。每當聯合國就有關以色列的提案進行表決，會議大堂總是座無虛席。每個國家都覺得有話要說，設法以某種方式（哪怕只是外交方式）在以色列地發揮影響力。

猶太現象的特徵

猶太人的人數與許多其他小宗教類似，唯一分別是那些小宗教通常是世人聞所未聞。另一個奇特之處是，兩千年下來，猶太人雖然一直是個色彩鮮明的族群，但人數卻沒能以倍數增加，成為一個大族。

有些人主張，猶太人之所以會吸引世人目光，是因為他們整體來說人數雖少，但傑出個人的比例卻非常高。但這種主張只會引發一個新問題：猶太人是憑什麼方法如此有效地把自己行銷出去？

不管答案為何，一個事實始終是事實：猶太人雖然只佔區區小數，但兩千年來都成功吸引了世人的注意力。

※

接下來，我們將會看見，世人對猶太人和猶太教會產生高度興趣，乃是良有以也。我們將會設法闡明，是由什麼理由把這個小小民族轉化為最獨特和最引人好奇的民族（哪怕箇中理由是不可能完全闡明的）。我們將會設法闡明猶太人的集體人格——不管猶太人去到哪裡，這種人格總會相伴左右，不會受地點和氣候因素影響。它很大程度可以說明猶太現象異采紛呈的各種表現。

對猶太事務的興趣

《屋頂上的提琴手》（*Fiddler on the Roof*）是齣在美國百老匯和歐洲走紅十幾年的音樂劇，後來又拍成電影，一樣大受歡迎（我們不會討論其作者阿里奇姆〔Shalom Aleichem〕——他是世俗化猶太知識份子中的領導人物，但對猶太民族並不特別關心）。《屋頂上的提琴手》以一個猶太小鎮為背景，劇情完全聚焦在東歐猶太人的生活。儘管如此，數以百萬計的非猶太人卻被深深迷住，使它成為歷來最受歡迎的舞台劇之一。與這些非猶太觀眾相比，看過此劇的猶太觀眾只算非常小的少數。

日本人和新加坡人對《屋頂上的提琴手》尤其反應熱烈，很多觀眾離場時都覺得它在講述一個傳統的亞洲家庭。

※

猶太人在美國的身影異常顯著。大眾對猶太教、猶太節日和猶太概念的興趣非常高昂。很多猶太基調都滲入到大眾文化甚至日常語言中去。

「維基百科」列舉出大約一百個源自意第緒語（Yiddish）[3]的英語單字，其中最耳熟能詳的大概是這幾個：bagel（貝果）、glitch（小故障）、maven（行家）、klutz（笨手笨腳的人）、nudge（用手肘推開）和 nosh（小吃）。在紐約大學和芝加哥大學，猶太研究暨猶太歷史系是最受歡迎和最聲望卓著的學系之一。拜倫（Salo Wittmayer Baron）在《猶太史的世界向度》（*World Dimensions of Jewish History*）的序言裡指出：

> 在美國，猶太研究被認為是表現學術卓越的稜堡……歷史和世界文學領域的知名學者都積極投入猶太學方面的教學或著書立說。事實上，猶太研究是美國主要大學知識活動的焦點之一。

反猶太主義者喜歡把這現象說成一種「猶太陰謀」，說猶太人是打著學術的幌子，玩政治的把戲。但正如我們一再看到，有鑑於世人對猶太文化的興趣是那麼撲天蓋地，反猶太主義者的這種指控是站不住腳的。

※

以貝南（Benin）和錫克教作為對比

貝南是非洲西部的一個共和國，人口約八百萬，首都波多諾伏（Porto-Novo）。在總人口七十億且人數快速增加的今日，八百萬人口只比千分之一略強。

那麼，我們對這個國家有什麼認識呢？不太多。只要做個簡短的調查，我們會發現十有九人生平從未聽過這地方。當然，教育程度和其他因素也會構成變數，而從事國際貿易的人大概會比其他人多知道貝南一點。但有一條通則是，在地理上住得距離貝南愈遠的人，就愈少人知道或記得它的名字。

現在讓我們把目光轉向中東。以色列是個年輕和獨立的民主國家，大部分的國民都是移民，人口比貝南還少，但卻幾乎天天登上報紙頭版。這個小國家對世界經濟、科技、研發（更遑論是政治）都具有令人敬畏的影響力。

世人都對美國的總統大選深感興趣，而這很好解釋：美國具有極強大的軍事實力與經濟實力。反觀世人對以色列的興趣卻超出理性的可解釋範圍，因為即使是發生在以色列的小事，有時一樣可能登上世界各地報紙的頭版。

---

③日耳曼系猶太人所使用的語言，混合了德語、希伯來語以及斯拉夫語，但採用希伯來文字母書寫。

在宗教的領域，情況亦復如是。

※

錫克教是一個擁有大約二千萬信徒的宗教，但除了它本身的信徒以外，對它感興趣的，頂多只有研究宗教的學者專家。錫克教比許多其他小宗教要更為人知。儘管如此，它仍然是最備受忽略的東方宗教之一。

錫克教的名稱對大部分世人來說都毫無意義，而如果你是住在非洲或前蘇聯集團的東歐國家，則更大有可能**從未**聽過。你說不出它的歷史，也不知道它的任何一種宗教特徵。

猶太人的人數要略多於錫克教教徒，但兩者的處境卻天差地遠。試問，有多少人是**從未**聽過猶太人或猶太教的？有多少其他宗教是與它淵源匪淺，又有多少神話是環繞它發展出來？哪怕是一生從未見過猶太人的人照樣可能對猶太人恨之入骨，而哪怕是住在世上最遙遠角落的人照樣聽過這小宗教的名稱。

※

是什麼理由導致這種現象，歷來有許多不同解釋。有些人主張這是「大離散」致之，是因為猶太人的足跡幾乎遍及世界任何地方，並落地生根。也有人認為，世上最大兩個宗教（基督宗教和伊斯蘭教）都強調自己與猶太教的淵源，這自然會引起世人對它的莫大好奇。還有論者相信，猶太人在政治上長袖善舞（反猶太主義者則稱之為「猶太陰謀」），加上猶太人的其他特質（如活躍、頑固、有生意頭腦等），全都有助於激起人們對猶太人的興趣，至少是足以防止猶太人落入被遺忘的處境。

然而，最終來說，把一切歸因於政治陰謀是站不住腳的。其實，雖然猶太人一直被認為在政治上長袖善舞，但一般猶太人極少涉足政治。

不管理由為何，猶太人總是能吸引世人的目光。以色列在二十世紀中葉的建國便是個極佳例子。許多民族在過去幾千年的歷史長河中一一湮滅，但散居各地的猶太人（如住在葉門者和住在衣索比亞者）卻歷經許多世代之後仍然保持著民族同一性。他們雖然有不同的心靈樣態和不同文化，但清楚的是，有某種東西把他們統一在一起，只要時機一到便會毫不猶豫從四面八方回歸故土，與同胞會合。

像猶太人這樣一個又小又分離四散的民族，卻能在兩千年後回到故土會合，這種事在歷史上絕無僅見，十足驚人。這事件馬上成了世界上最多人討論的話題。鳳凰已經浴火重生。

總之，猶太民族是個無人會置之不理的民族。它的舉動總是被人拿放大鏡檢視，也常常受到大得不成比例的責難（這是指與其他表現出同樣行為的國家相比而言）。它的故事（包括過去和現在的故事）全都會引起極端反應：佩服者有之，仇視者有之，站在佩服與仇視之間某處位置者有之。與它有關的一切在在看來都會激發強烈的情緒反應。

這就是猶太民族的獨一無二之處。

學生問卷

為了更好理解猶太人的盛名與所受到的注意，維也納的「猶太靈魂認同學院」對一群非猶太學生進行了一場問卷調查。調查結果清楚顯示，猶太人的盛名是個獨一無二的現象。

接受調查的包括維也納與巴黎兩地的大學生，共五百人，大部分在大學都未接觸過猶太人。

這批學生需要回答一系列問題。他們的答案構不成統計學的有效性，但指向的大趨勢卻明白無疑。以下是調查結果：

被問及「**你聽過猶太人這種人嗎**」時，答案無一例外是「聽過」。

對「**你認為世界上有多少猶太人**」這問題，大部分回答說有幾千萬，也有少數學生相信猶太人數以億計。

讓人意外的是，當學生被要求說出一些猶太名人的名字時，大部分學生都說不出來。其原因也許是大部分著名猶太人的猶太身分都不為人所知。例如，愛因斯坦通常都被說成是德國或美國科學家。他和許多其他知名猶太人是猶太人的事實並不被知曉。

問卷中的其他問題還有（摘要）：

你第一次聽到猶太人這種人是在什麼時候？

大部分都回答他們是小時候或少年時代聽說。只有極少數表示他們是較大年紀之後才聽說。

猶太人在你誕生的地方一樣知名嗎？

所有受訪者的答案都是肯定。

你有聽過其他人數像猶太人一樣少的民族嗎？

大部分受訪者都想不出來有其他哪些民族人數像猶太人一樣少。

猶太人特別嗎？

這問題得到的反應分歧。一半學生答「特別」，另一半答「不特別」。那些答「特別」的學生又會被問到：**你認為是什麼原因讓猶太人特別？**最常見的回答是「以色列國」。這些學生認為，讓以色列特別的是它是個猶太國家，而猶太人之所以特別，是因為他們有自己的國家。

有幾十個學生指出，猶太人的特別之處是他們佔有大影響力的位置，以及能吸引全世界的目光。

你可以舉出一個獨一無二的猶太特徵嗎？

大部分受訪者都做不到。有些人的回答是「猶太會堂」。

你聽過以色列這國家嗎？

所有人一律回答「聽過」，沒有例外。

依你之見，猶太人出名嗎？

對這問題的答案起初會讓人有點失望，但反而見證了猶太人廣受矚目的事實。大部分學生都認為，猶太人除了人數眾多以外，並沒有其他出名之處。這回答反映出，大多數人都誤以為，猶太人會那麼吸引世人目光，是因為他們人數極多。其實，我們知道猶太人在世界人口只佔極小比例，所以，人們會誤以為猶太人為數眾多正反映出猶太人極為出名。

Chapter 5

猶太才華

「猶太頭腦」的祕密

Jewish Genius

在稱為「猶太頭腦的祕密」的講演中，以色列著作者也是研究記憶力的頂尖專家卡茨（Eran Katz）指出，世人普遍相信，猶太人聰明得異乎尋常。

他回憶，第一次面對面遇到這個想法，是在美國講學的時候。話說有一次，他在飯店電梯裡碰到一個人，對方問他為什麼來美國，得知卡茨是來講學之後又表現出極大興趣。

「你的講課肯定十分精采。」那人說。

「謝謝，但願如此。」卡茨回答說，接著走出電梯，跨進大堂。

對方應說：「一定是的，**因為猶太人是非常聰明的民族。**」

這句脫口而出的話讓卡茨的內心從此不再平靜。他決心從事這方面的研究，又很快發現，相信猶太人天生聰明的人比他以為的多得多。

世人對猶太人有正、負兩面的刻板印象。正面刻板印象濃縮在「猶太才華」和「猶太頭腦」之類的用語中，而它們也慢慢被用於形容任何聰明人。世人對猶太人的一個負面刻板印象——「猶太狡猾」（Jewish cunning）——也同樣流行。卡茨指出：

說來有趣，猶太民族成功地讓它的敵人和支持者至少在一件事情上意見一致：沒有人會說猶太人是蠢才。每個外邦人自小心裡便烙印上一個刻板印象：猶太人聰明而機警。

卡茨還指出，對於知名或有才華的猶太人，我們常會認為他們的能力與他們的猶太人背景大有關係。相反地，我們並不會指著知名科學家霍金（Steven Hawking）說：「他是個『基督徒才華』的範例。」換言之，沒有人認為霍金的天才和他的宗教背景有關。但在猶太人，情形卻不總是如此。

英國知名社會科學家莫里（Charles Murray）從研究中得出一個結論：猶太人的平均智商要比一般大眾高七至十五分。他的數據顯示，現代世界許多大科學家都是猶太人。

在《科學史導論》（*Introduction to the History of Science*）一書中（一本談十四世紀科學發展的著作），作者沙頓（George Sarton）比較過不同種族和文化族群在教育、技術、數學、物理學、化學和醫學方面的成就之後，獲得的一個驚人結論：在十四世紀的頂尖科學家之中，猶太人佔十七．六%（當時猶太人在世界總人口只佔一%）。這種不成比例的情形在西班牙尤其突出：有四〇．一%的西班牙科學家是猶太人，而猶太人在西班牙總人口只佔二．七%。

今天，有五五%的西洋象棋世界冠軍是猶太人，有五一%普立茲文學獎得主是猶太人。這還只是兩個小例子。

「一個聰明和有遠見的民族。」〈申命記〉二章一－九節

歷史上的猶太智慧

希伯來大學位於斯科普斯山（Mount Scopus），是以色列土地上第一所以希伯來語教學的世俗高等學府。在其開幕典禮上，知名著作者與世俗主義者比亞利克（Chaim Nachman Bialik）說了以下一番話（摘自 Ben Yehuda Project 網站）：

> 這個與眾不同的民族，它的名字叫以色列……為了追求永恆，這個民族讓身體與精神折服於靈魂王國（kingdom of the soul）之下。
>
> 四十九重的受詛咒放逐並沒有使它失喪膽，四十九重的困厄磨難並沒有使它失去自己的本質。為了追求永恆，它別無選擇，只能放棄塵世的享樂。它在患難悲慘歲月裡學會了怎樣讓身體的需要服從於靈魂的需要。
>
> 在靈魂王國的邊界之內，以色列民族鑄就出它的主要成就與民族機構，靠著它們在千年以上的流浪貧困中支持住自己的精神，維持著自己的內在自由……
>
> 這民族設計出各種形式的學習場所：「塞得」（Cheder）、「授業座」（Yeshiva）、

「學經堂」（Beis Meidrash）等。在爭取以獨立民族身分存在於這世界的漫長而艱難的鬥爭中，這些都是我們最堅強的碉堡。在動盪的日子，我們逃至這些碉堡尋求庇護，坐在裡面磨利我們剩下的唯一武器，以防它生鏽。這武器就是猶太頭腦……

※

當人類全體深深沉溺在獸性、幻象和誇張地炫耀武力與戰爭之時，猶太民族繼續發展和哺育它那個毫不妥協的渴望：獲得智慧與知識。

從非常早歲開始，每個猶太小孩每天都是把大部分時間用於研習《塔木德》，而不像其他小孩那樣在田裡工作、打架或是玩耍。

猶太家庭明顯偏重教育。猶太小孩也會玩泥巴，但等一天結束，他會知道，猶太會堂裡那落滿灰塵的書架是他應該親近之處。

這就不奇怪猶太民族被稱為「書的民族」（People of the Book）①。

這番話讓我們明白，猶太人之間有一個共識：追求知識是人生的主要目標。

① 這裡的 the Book 原指《聖經》，意指猶太民族是「聖經的民族」。

※

新聞工作者暨作家加利利（Ze'ev Galili）在一篇文章裡談到美國軍方在二次大戰前夕所做的一項研究和它讓人深感玩味的結論。這個不尋常的研究原先被詳細記載於茨波羅斯基（Mark Zborowsky）和荷索（Elizabeth Herzog）所編的《猶太小村的文化》（*Life is With People: The Culture of the Shtetl*）一書。

> 美國軍方為事態的任何可能發展預作準備，包括不排除在東歐發動戰爭。所以，他們組織起一些社會學家團隊，負責研究不同地區的民情風俗。在第二次世界前夕，東歐猶太人的人口非常顯著，所以軍方便找來一批專家（知名社會學家米德〔Margaret Mead〕是其中之一），研究 shtetl 的社會學（shtetl 這個字專指東歐的猶太人小村鎮）。最終，美國軍方沒有用得著這研究的發現，但茨波羅斯基和荷索把它們編輯成書，而書中清晰浮現出的結論之一是：
>
> 不管東歐的猶太文化還是世界其他地區的猶太文化（研究者也訪談了一些美國和倫敦的猶太長者），都是把主要焦點放在學習，換言之是放在「律法學校」（Talmud Taroh）。
>
> 摘自加利利的網站 Higayon V'shigayon 首頁

※

猶太人智慧過人的神話從這民族出現於歷史舞台之初便已形成。例如，古埃及人便認為猶太人狡猾而善操弄，乃至有可能威脅王朝的安定。正如法老王說過：「只要一有戰爭出現，他們一定會站在我們敵人那邊。」

法老的解夢人約瑟正是猶太智慧的典型代表（他社會地位低微，但卻能靠著智慧而成就驚人）。在士師時期和列王統治的早期，尤其從約書亞開始以降，猶太人一再在戰場上取得輝煌成果，被認為是政治戰略和軍事戰略的楷模。

傑出的猶太將領，像是約書亞、基拉（Gera）之子以笏（Ehud）、亞比挪庵（Abinoam）之子巴克（Barak）乃至參孫（Samson），全都凸現出自己除了孔武有力，還富於智慧和狡猾。

大衛王少年時便表現得聰穎過人。他之所以能夠打敗巨人哥利亞，更多是靠智慧而非力氣。《聖經》裡記載很多更後期的軍事勝利同樣是靠著高明的戰略取得。

※

然而，一直要等到所羅門王登上王位，以色列進入政治平靜的環境之後，「猶太頭腦」的能耐才得以全幅展現。

《聖經》形容，全世界的智者都想要見識所羅門王的智慧。在他的時代，他被認為是全世界最有智慧的人。

今天，光是讀一讀所羅門王留下的作品（包括〈傳道書〉、〈箴言〉和〈雅歌〉），現代讀者便可以深深感受到所羅門王的大智慧——這智慧在我們的時代亦罕有其匹。

從文學的角度看，〈傳道書〉或〈箴言〉也足以作為所有時代的文學楷模：它們的構思充滿創意，語言富於變化，豐富多端。這些著作就多種多樣的問題提出實用的忠告，是史上同類型著作的第一部。

〈雅歌〉光就文字來說便是文學傑作，更遑論文字背後隱藏著無限層次的寓意（這些寓意靠著後世注釋家的挖掘而得以披露）。

※

《聖經》裡還有許多提到猶太智慧之處。一個例子是關於末底改（Mordechai）②，他懂得七十種語言，最終又能靠著智慧力挽狂瀾，讓國王取消滅絕猶太人的敕令。《聖經》裡有四位年輕才俊都是因為大有智慧而被徵召到巴比倫宮廷任職：但以理（Daniel）、哈拿尼雅（Hananiah）、米沙利（Mishael）和亞撒利雅（Azariah）。就像約瑟一樣，他們皆是靠著成功為國王解夢而獲得大大重用。

歷史典籍記載，先知耶利米（他是被擄至巴比倫的猶太人之一）也是哲學家，他的智慧高得讓同時代其他智者大驚失色。

※

「第二聖殿」時期，以色列賢哲和同時期的外邦大哲學家（特別是希臘人和埃及人）有許多意見交流。

很多希臘字詞進入了希伯來語，有些還保留至今日。有些以色列賢哲——如辛馬庫（Sumchus）和安提柯（Antigonus）——甚至是以希臘名字知名於世。

但這也是一個需要拚死抵擋希臘異教文化和道德放縱的時代。儘管處境嚴峻，以色列賢哲還是守住了他們的猶太傳統。光明節（Chanuka）就是為了紀念猶太人在這艱苦時期仍能恪守猶太原則而設。

讀一讀《密什那》和《塔木德》便會知道，以色列賢哲擁有博大的科學知識，對他們時代的最新醫學和科學發展都有充分掌握。《塔木德》各卷和相關文獻裡遍布著各種數學、幾何學和哲學原理。

在其中一些科學辯論和哲學辯論中，我們看見猶太賢哲所持的立場要領先於時代不知多少世代。例如，早在《塔木德》的時代，便有些猶太賢哲主張繞日說，即主張太陽是太陽系的中心，其他行星皆是繞著太陽旋轉。

②見於《舊約聖經》〈以斯帖記〉的人物。

※

古代猶太人的深湛智慧一部分被保存在〈諸父之訓〉（Ethics of the Fathers）裡：這書卷是許多扼要箴言的集合，滿是實用的智慧和常識，自成《密什那》的其中一「卷」。

〈諸父之訓〉一度引起世人極大興趣，一些著名段落被翻譯成外文，連同其他許多歷史名人的名言集成一冊，供學子學習。讀過的學子無不對滲透在〈諸父之訓〉的罕見智慧留下深刻印象。

時至今日，任何想要感受這種古代智慧的人光是讀一讀〈諸父之訓〉的基本翻譯本便儘足夠（但連同注釋本一同讀當然更好，因為注釋本可以揭開文字背後的層層寓意）。

※

該時代最引人動容的一個學術計畫出自國王托勒密二世（Ptolemy II）一紙敕令（事見《塔木德》和其他歷史文獻，包括亞里士多德的書信和斐洛〔Philo of Alexandria〕的作品）。據說，托勒密二世因為極重視知識，想把《聖經》譯為希臘文，使之普及化。為此，他召集七十二位猶太賢哲，提供他們七十二天所需的一切飲食用品，分頭進行翻譯。由於七十二位賢哲對希臘文有充分掌握，以致果真能在七十二天之內合譯出一部忠實於原文的欽定《聖經》希臘文譯本——這一點見證出該時代的猶太人智識有多麼淵博。

※

《塔木德》也記載了猶太賢哲與亞歷山大大帝雙方所進行的科學與哲學辯論。馬其頓的亞歷山大大帝是其時代無可置疑的統治者，除了勇於軍事征服，也勇於征服知識的領域以滿足其龐大的好奇心。

做為整個中東地區的統治者（中東是該時代的文明搖籃），亞歷山大大帝找來治下所有部族的領袖與賢哲會面。與猶太賢哲的會面讓他備感震驚。《塔木德》的〈獻祭卷〉（Tamid）記述了亞歷山大大帝與南以色列猶太賢哲的會面經過：會中，雙方就一些該時代最重要的問題有精采辯論，讓人目眩神迷。

從這些被提出的問題觀之，亞歷山大大帝顯然認為，猶太賢哲是他最感興趣的那些問題的理想對話者。

上述的一切都益發讓猶太人智慧過人之說信而有徵。

研究《妥拉》的才華和研究自然科學的才華

綜觀歷史，每逢大環境許可，以色列賢哲都會在科學界展露頭角。雖然他們把大部分時間用於鑽研《妥拉》，但卻熟悉所有科學發現和最先進的科學發展。

邁蒙尼德是個中的佼佼者。其聰慧罕見其匹，著作涵蓋多種多樣的題材：哲學、醫學、天文學、數學、神學等等。

義大利的路查脫（Moshe Chaim Luzzato）拉比在《智慧之路》（*Derech Chachma*）一書中開列出他認為每個猶太年輕人都應該學習的學科：「他應該學習邏輯學、修辭學和詩歌作品，直至熟悉為止……他應該學習工程、語法、天文學的基本知識，直至熟悉為止。此外，凡是他需要學的他都應該學習，直至熟悉為止。」

這清單反映出猶太才華所涵蓋的是一個極為寬廣的科學範圍。路查脫拉比只活了三十八歲，但身後卻留下涵蓋許多領域共約一百二十本的著作。他以短暫人生寫成的作品需要世人花費許多年時間才能真切了解。

※

維爾納加昂（Vilna Gaon）③在猶太世界是以研究《塔木德》的罕見才華知名，但少有人知道，他也是大名鼎鼎的科學家。

維爾納加昂身後遺下一些注解經卷的手稿和口授的教誨，由後人按不同主題編輯成書。其中《三部分的公羊》（Ayil Meshulash）一書的內容涉及其時代的三門主要學科：數學、幾何學、天文學。

他另一部著作《以利亞的語法》（Dikduk Eliyahu）是處理希伯來語語法的問題。除了以其他事情知名，維爾納加昂還以精通希伯來文知名：這方面的一個學術表現是分析了《聖經》裡的同義詞。

他的弟子希勒爾（Hillel of Shkolov）拉比在老師的吩咐下重印了歐幾里德論幾何學原理的著作。在這書的序言裡，希勒爾拉比指出乃師精通許多領域的學問：「眾所周知，他研究大自然的奇妙是為了印證《妥拉》的智慧，讓上帝的名在萬國的眼中為聖，使世界可以更趨近於救贖。早在年輕時代，他便顯現出自己對智慧的七種形式具有慧根，後來又孜孜不倦把它們全面開發出來。」

中世紀的猶太天文學家

月球表面布滿隕石撞擊而成的坑洞。許多年下來，天文學家已經把月亮的所有大型隕石撞擊坑洞記錄在案，又為了方便辨識，給每個坑洞取一名字（一如給城市的各條街道命名）。這些名字是由「國際天文學聯合會」挑選，主要是彰顯歷史上的知名人物。

顯然，名字入選對當事人來說是一項殊榮。凡是獲選的人都表示該人曾對天文學和人類整

---

③ 即克萊曼拉比（Rabbi Elijah ben Shlomo Zalman Kremer, 1720-1797）。按「加昂」為猶太人精神領袖的尊稱，維爾納即維爾紐斯（Vilnius），位於今日立陶宛。

體文化有所貢獻。

毫不意外地，這些坑洞有不少是以猶太人的名字命名。這是時代進步的見證，因為在從前大部分歷史時期，世人出於偏見，常常拒絕承認猶太人的貢獻。

其中三位名字被用來命名月球坑洞的猶太人是埃拉茲（Ibn Ezra）、列維拉比（Rabbi Levi）和扎庫托拉比（Rabbi Abraham Zacuto）。列維拉比是知名的《塔木德》專家和科學家，全名作萊雅．本．格爾紹姆（Levi ben Gershon）。扎庫托拉比是《塔木德》專家和天文學家。

四處漂泊的窮詩人

埃拉茲是詩人、哲學家暨數學家，生活於中世紀的西班牙。任何對猶太文學和哈拉哈傳統略有認識的人都一定聽說過他的作品，讀過他創作的詩歌和複雜的謎語。

他另外也以貧窮知名，而貧窮是他的宿命。為了改善經濟狀況，埃拉茲一生遷居過許多不同地方。他深信自己天生歹命，又把這想法寫成一首笑中有淚的詩：

> 諸星宿與諸星座因我的出生而偏離運行軌道。
> 倘若我是以賣蠟燭為業，那太陽會直到我壽盡那一天才下山。
> 我努力要出人頭地，但命宮對我不利，我始終無法成功。

倘若我是賣壽衣為生，那在我有生之年將不會有人死去。

埃拉茲寫過幾十本書，包括一部《聖經》的注釋、一些語法書和詩集，但讓他名垂不朽的卻是他以業餘天文學家身分寫出的作品。埃拉茲同時也是數學家，而有些人相信，他是第一個把十進位制輸入歐洲大陸的人。他遊歷過許多地方，也因此有機會接觸許多不同的文化和得知他們的科學發現。

※

格爾紹姆更為人知的是他的拉丁化名字格爾松尼迪斯（Gersonides）。這是同時代外邦人對他的稱呼，至今保存在科學和歷史作品裡。

格爾紹姆是個天才，沒有任何學問未研究過。除了發現重要的天文學理論知識外，他還以發明觀察星星的儀器馳名當世。其中最重要的一項發明是「雅各之杖」（Jacob's staff）：這東西可以測量天體之間的角距離（angular distance），被全世界的水手使用了幾百年。

他的科學作品引起教皇克萊芒六世（Clement VI）的注意。教皇又對格爾紹姆一部哲學作品大為動容，命人把此書從希伯來文翻譯為拉丁文。

格爾紹姆是其時代最重要的哲學家之一，而且就像埃拉茲那樣，在數學領域有著創發性貢獻。他甚至在一位法國主教的央請下寫出《數的和諧》（*Harmony of Numbers*）一書，為歐幾里德的一些著作加以注釋。

印地安人與哥倫布的猶太曆書

有一次，哥倫布和船員去到美洲之後因為缺糧，別無選擇，只好向充滿敵意的印地安人求助。一如所料，印地安人不願把他們辛苦掙來的食物跟侵略者分享，哥倫布一行人空手而回。做為回應，著名船長宣稱為了懲罰印地安人的吝惜和敵意，他要「把月亮變不見」。果然，就在當天晚上，月亮「不見了」一陣子。印地安人大為驚恐，馬上跑去求哥倫布原諒，用各種食物討好他。從那天晚上開始，哥倫布和船員再不必餓肚子。

哥倫布是用什麼方法把月亮變不見的呢？他的方法比任何人想像的都要簡單得多。他手上有一部曆書，裡面的天象圖載有月亮和其他重要天體的位置。哥倫布事先就知道那天晚上會出現月蝕，而這是印地安人從不知道的知識。

這軼事的猶太成分在哪裡？撇開有人認為哥倫布是猶太人這一點不論，他所攜帶的曆書和天象圖乃是猶太人的作品。雖然猶太人被逐出了西班牙，又在葡萄牙受到嚴苛敕令的種種限制，但世人卻發現，人類若想達到更輝煌的成就，必須借重猶太人的智慧。

哥倫布的天象圖是猶太天文學家扎庫托拉比（Abraham Zacuto）的作品。扎庫托拉比除了是天文學家，還是歷史學家，著有《猶太民族史》（*Sefer Yuchasin Hashalem*）一書。除哥倫布以外，其他仰仗過曆書的探險家還有達伽馬、麥哲倫、卡布拉爾（Pedro Álvales Cabral，巴西的發現者）、韋斯普哥（Amerigo Vespucci，美洲便是以他的名字命名）和許多其他的西班牙和葡萄牙航海家。

扎庫托拉比還改進過「星盤」（一種當時極流行的導航工具）。他就像格爾紹姆那樣，非常注重把天文學和數學的理論知識導向實際應用。他發現，金屬製的「星盤」要比傳統的木造「星盤」精確許多。

在一篇談歐洲製圖學發展的文章中，學者勞頓（Tzivia Lawton）談到了扎庫托拉比對這領域的貢獻。不過，原來除扎庫托拉比以外，還有許多其他猶太人（比歷史上任何民族都多）有過貢獻：

十三世紀中葉，卡斯提爾（Castilian）由阿方索十世（Alfonso X，又稱「智慧的阿方索」）主政。他向托萊多猶太會堂的「哈贊」（chazan）特澤格拉比（Rabbi Tzeig）求助，又向本．摩西．哈科漢（Yehuda ben Moshe Hakohen）求助，請他們製作天象圖。製成後以國王的名字命名，稱作「阿方索星表」。它們被用於導航，過了約兩百年之後才被扎庫托拉比所製作的天象圖取代。

十四世紀末，當阿拉貢（Aragon，今西班牙一地區）恢復對猶太人的迫害以後，亞伯拉罕．科萊斯科斯（Abraham Crascos）之子猶大．科萊斯科斯（Yehuda Crascos）應「航海家」亨利王子（Prince Henry）之邀，協助葡萄牙人製作地圖和星表，以供他們前往非洲之用。加入這研究團隊的另一位猶太人是扎庫托。他製作出新的星圖，供葡萄牙人遠征非洲。

當時葡萄牙的歷史學家庫里（Gasper Curia）在《印度編年史》（*The Chronicles of India*）一書中談到扎庫托對葡萄牙人遠征印度的重要性：

> 「在派人前往尋找印度以前，國王曼努埃爾（Manuel）找來猶太人扎庫托（一位大天文學家），與他悄悄商量。國王請他提出建言，問他這計畫是否可行，又表示若得不到扎庫托襄助，事情將不可能有所成。
>
> 國王派了好些猶太水手向扎庫托學習怎樣根據曆書中的星表計算。之後，國王又根據扎庫托的教導，把他們派去某些地方。達伽馬離開里斯本之前也曾向扎庫托請益，後者給了他旅途上應該做些什麼和做法的指引。」

事實上，要是沒有猶太天文學家提供的精密導航工具和知識，葡萄牙對非洲、印度和南美的殖民永不可能發生（這些地方至今仍是以西班牙語或葡萄牙語為主）。所以說，扎庫托拉比和格爾紹姆拉比的罕有天文學知識曾發揮過無可估量的歷史影響力。

站在今日回顧，這些猶太聖哲對海上導航技術的貢獻也無意中為幾世紀後千千萬萬移居美國的猶太人鋪平了道路。

※

布拉赫和克卜勒的猶裔朋友

布拉赫（Tycho Brahe）④創建於布拉格附近的天文台匯聚了一批極頂尖的天文學家，其中一位是克卜勒（Johannes Kepler）。他們的工作為天文學的一個新時代打下基礎。著名的「克卜勒定律」（後來深受牛頓仰仗）正是克卜勒在這天文台工作期間領悟出來。

特別受這天文台歡迎的一位客人是岡茨（Dovid Ganz）拉比，因為他除了是歷史著作《大衛的枝葉》（*Tzemach Dovid*）作者，還提供過布拉赫和克卜勒許多寶貴的天文學資訊。岡茨拉比是布拉格的瑪哈拉爾（Maharal of Prague）的學生，而布拉赫和克卜勒顯然是從岡茨那裡得知哥白尼的學說，並因此大受影響。

奧匈帝國皇帝魯道夫二世（Rudolph II）以熱愛天文學著稱，把很多時間花在鑽研天文學，以致有時會怠忽國政。最為他津津樂道的一位人物是布拉格的瑪哈拉爾——一位對天文學和其他科學皆有淵博學識的猶太人。

④十六世紀丹麥天文學家，他的天文觀測最終讓歐洲人接受了哥白尼體系，並成為十七世紀天文學改革的基礎。

※

要不是有上述傑出猶太人的貢獻，我們實難想像現代的天文學、導航技術和製圖學可能出現。雖然當時的猶太人飽受藐視，所作的貢獻並不常會受到承認和表揚，但他們仍不吝向請益的人分享自己的淵博知識。

值得注意的是，這些猶太賢哲之能夠在天文學領域大放光采，原因之一是《妥拉》非常重視天文學知識。有一句經文這樣說：「因為它（指天文學）在萬國眼中是你們的知識和你們的智慧。」談到以薩迦支派（tribe of Issachar）⑤時，《妥拉》又說：「他們認識時代的智慧。」意指他們被認為是大天文學家。值得指出的是，天體物理學家愛因斯坦延續了此一傳統。他對宇宙研究、行星軌跡和天文學知識的貢獻是無可估量的。

中世紀是一個無知當道的時代，但猶太賢哲仍然堅持從事學術研究，因而顯得鶴立雞群。他們除了是偉大的科學家，還是偉大的拉比和《塔木德》學者。

猶太發明

希特勒認為，「良知」概念和倫理學都是猶太人首創，所以可稱之為「猶太發明」（Jewish inventions）。他不是要恭維猶太人，但我們卻可視之為一種恭維，因為若是沒有這兩種「發明」，人類社會將無法維繫。

不過，若是回顧人類有過的重大發明，我們會發現很多有用的發明（包括其中一些改寫歷史的面貌）都有猶太人的功勞。有些猶太人的發明甚至是希特勒樂於採用的。

想一窺猶太人有過的發明，不妨翻開一部稱為《五十顆德國星星》（*Fifty German Stars*）的小冊子。雖然這書不啻是德國宣傳和媒體部所出版，卻會帶給我們不少驚喜。

這小冊子的用意是回顧德國科學家和發明家有過哪些重大成就，對他們謳歌一番。然而有點諷刺的是，被小冊子認定是「德國之光」的歷史偉人有些事實上並不是德國人。例如，愛因斯坦明明在納粹當權期間被剝奪德國國籍，但小冊子卻為了彰顯德國的榮耀，稱他為傑出的德國人。

出生於德國的猶太人李維．史特勞斯（Levi Strauss）——耐穿丹寧牛仔褲的發明者——同樣被該小冊子認定是德國人。順道一說，與史特勞斯一道發明「李維斯」牛仔褲的夥伴戴維斯（Jacob Davis）亦是猶太人。

※

⑤ 以色列十二支派之一。

小冊子提到的其中一項矚目發明，是世界上銷量最多的藥物：阿斯匹靈。而根據該小冊子作者所言，阿斯匹靈的發明者乃德國化學家霍夫曼（Felix Hoffman）。但這是個有爭議的主張，至今尚未塵埃落定。

近年披露的資料顯示出一個不同故事。原來，霍夫曼只是「拜爾」（Bayer）研究實驗室的技術人員，是該公司一位資深化學家艾興格林（Arthur Eichengrun）的助理。正是艾興格林給予霍夫曼開發阿斯匹靈的指示。稍後，艾興格林又在猶裔醫師戈德曼（Goldman）的協助下，對這種新藥進行臨床實驗。

過了一段時間，艾興格林轉而投入別的研究，而當他發現霍夫曼獨佔開發阿斯匹靈的功勞時，已經來不及挽回。納粹政權對他聲稱是阿斯匹靈真正發明者之說嗤之以鼻，而過沒多久，他就像許多其他德國猶太人那樣，被送進了萊西恩施塔特（Theresienstadt）集中營。他吃了幾年苦之後獲釋，發表一篇文章，詳細說明自己在開發阿斯匹靈一事上的貢獻。

但他的說法再一次沒人理會。他在多年後逝世。幾個月之後，拜爾公司發表聲明，承認艾興格林的功勞。

五十年之後，格拉斯哥大學一位學者重新翻開這樁公案，並找到證據和文件支持艾興格林的說法。然而，拜爾公司這時卻改口，宣稱霍夫曼才是阿斯匹靈的唯一發明人，而因為霍夫曼是該公司的員工，所以阿斯匹靈的專利權仍屬拜爾公司所有。

小冊子的作者顯然是採信了拜爾公司的說法，而在官方的認定裡，霍夫曼也仍然是阿斯匹靈的發明者。

※

小冊子提到的另一種重大發明是留聲機與唱片，它們因為能夠把說話與音樂錄音，讓世界的面貌為之改寫。發明它們的貝利納（Emile Berliner）事實上不是德國人而是猶太人，出生於漢諾威，大部分時間待在美國，為貝爾公司發明了電話的送話器，後來，他又為這項發明做了改進。

他的偉大發明留聲機讓製作和行銷唱片變得又快又簡單。我們實難想像，生活中若是少了音樂或演說的錄音，將有多失色。

另一個小冊子提到德國發明家是飛行先驅李林塔爾（Otto Lilienthal），他是第一架滑翔機的發明者。但他事實上是個遵守律法的猶太人。靠著李林塔爾的知識與經驗，萊特兄弟後來製造出世界第一架飛機。

※

值得一提的是，猶太人在歷史上享有言論和研究自由的時候並不多，但他們有過的發明並不遜色於小冊子提到的那些重要德國發明。

小冊子提到的頗多發明都不是出自一人之力：德國人只是扮演合夥人的角色，或只是有部分貢獻。例如，電腦、電視和電燈看似是德國人所發明，但他們扮演的只是部分角色，甚至只是邊緣角色。在在看來，光是為了湊足五十個重要的科學和技術突破，便讓小冊子的作者傷透腦筋。

拿這些成就與猶太發明家琳瑯滿目的發明品相較，會更凸顯出那麼小的一個民族卻那麼富於智慧，那麼有成就，著實不可思議。

※

「電磁輻射」這東西聽起來很嚇人，似乎應該敬而遠之。然而，任何讀過基本物理學的學生都知道，「電磁輻射」包含各種頻率的電磁波，其中大部分完全是良性，而且是人們每天在使用（包括無線電波、微波、紅外線，當然也包括肉眼看到的光線）。人類看見的各種顏色其實是某種頻率的電磁波，它們經我們的感官接收後再由大腦詮釋為顏色。

輻射現象能有那麼多實際的應用，而我們能對它們有所了解，該歸功的人是赫茲（Heinrich Hertz）——他是具有猶太血統的知名科學家，後來才轉皈基督宗教。

赫茲所發現的輻射頻率如今都以他的名字命名（千赫、兆赫、千兆赫）。稍後，「赫」這個後綴又被用來表示電器工作於某一特定頻率的標準。當你把收音機的頻率調到 95MHZ，最後兩個字母（HZ）指的就是「赫茲」。

※

據網站「Adukim」的統計數據，歷來最偉大的哲學家之中有一成是猶太人。猶太人在西方重要哲學家佔的比重接近六分之一或七分之一，即大約十五%。這趨勢至二十世紀到達高峰：該世紀最偉大的哲學家中有四分之一是猶太人。如果考量到猶太人口在歷史任何時期都不多於人類總人口的〇．五%，這個現象尤顯不凡。

在最偉大的哲學家之中，猶太人質量俱優。從邁蒙尼德到今日波士頓的索洛維契克（Yosef Dov Soloveitchik）拉比（有人認為拉博維什〔Yeshayahu Leibovitz〕教授也應算在內），猶太人在哲學領域的表現都極其突出。

歷史上另一位赫赫有名的猶太哲學家是亞歷山卓的斐洛（Philo of Alexandria），他生活在公元一世紀的埃及，曾付出極大努力去調和希臘哲學和猶太教的基本教義。雖然他的著作沒有在猶太思想留下顯著痕跡，但有人認為他是對基督宗教貢獻最大的哲學家。

事實上，猶太人與哲學的關聯幾乎不言自喻。猶太人總是一方面長於原創性思考，另一方面又敬重常識和善於邏輯分析。如果哲學不是原創性思考和常識的融合，又會是些什麼別的？

哲學思想總是猶太教的一個有機部分。猶太教的核心基礎更多是建立在哲學立場而非神啟和奇蹟。就連《聖經》本身也是對上帝的意志與作為充滿理性的解釋。對猶太研究觀察得愈仔細，你會愈發現到它包含著層層疊疊的哲學肌理。正義的問題、倫理的問題和責任的問題在《聖經》和猶太歷史的許多部分都有所表述。所有這一切加起來讓猶太教變得更複雜、更豐富和更多面向，以致有能力容納看似不相容的矛盾。結果是，猶太哲學至今還是哲學研究的一個主流。

※

但猶太人對世界哲學的貢獻除表現在「量」的方面，還表現在「質」的方面，帶來過好些充滿原創性的思想和石破天驚的觀念。例如，史賓諾莎（Baruch Spinoza）的哲學就讓同時代的偉大心靈震驚不已，至今仍被視為深邃、複雜和富於挑戰性。

有些人稱他為「哲學家中的哲學家」。著名哲學家黑格爾即說過，任何嚴肅哲學家若想發展出自己的方法，都有需要以史賓諾莎的方法為出發點。

說來奇怪，史賓諾莎雖然從哲學的角度否定宗教，但他繼續遵守猶太教的誡命，完全沒有拋棄父祖信奉的宗教。諷刺的是，他的革命性思想和大膽與主流唱反調的作風正好是根源自被他嘲笑的猶太教。史賓諾莎身上體現著所有的猶太成分：才華洋溢、深邃、勤奮、具有前瞻視野、原創、嚮往超越、富於石破天驚的觀念。如果他有機會站在今日檢視自己在猶太歷史的地位，以及有機會對猶太現象做出全幅度的檢視，那他對猶太教的看法應該大為改觀，不再受自己時代的觀點所侷限。

※

與史賓諾莎相隔幾代之後，革命性哲學家馬克思的觀念在世界各地征服了千千萬萬的人。有超過十億人（包括整個共產中國）都是按照馬克思的哲學生活。要不是有馬克思的強勁觀念做為基礎，一些驚天動地的變動（如布爾什維克革命）將不可能發生。雖然馬克思哲學今日大多已遭到否定，他的思想在握要、切要和觸動人心幾方面仍然顯得獨一無二。另外，它也仍然是每個人都多少憧憬的那個普世烏托邦的縮影。

不過，在我們遽下結論說馬克思的觀念帶有猶太根源之前，應該指出的是，猶太民族還出過很多哲學家，而他們其中一些所持的意識形態正好與馬克思南轅北轍。

例如，對當今美國政治和經濟理論最有影響力的其中一支哲學，乃是艾茵·蘭德（Ayn Rand）所提出。原名阿麗薩·羅森鮑姆（Alice Rosenbaum），艾茵·蘭德出生於一個俄國猶太家庭。主要透過《源頭》（*The Fountainhead*）和《阿特拉斯聳聳肩》（*Atlas Shrugged*）等幾部小說，她鼓吹一種極端和積極的放任自由主義——她稱之為「客觀主義」（Objectivism）。自一九五〇年代開始，她的作品大為暢銷，在全美國的大學校園和知識份子沙龍蔚為流行。

艾茵·蘭德的世界觀與馬克思正好南轅北轍，對資本主義思想（又特別是美國的資本主義思想）有著深刻影響。她的作品（至今仍是暢銷書）因著近年的金融危機，找到了許多新的追隨者，因為許多美國人認為，他們的政府之所以失敗，正是在於管太多。

※

其他知名猶太哲學家還包括：柏格森（Henri Bergson）：他生於法國，在二十世紀上半葉大有影響力，並在一九二七年獲頒諾貝爾文學獎；波普爾（Karl Popper）：他大概是二十世紀最有名的科學哲學家；維根斯坦（Ludwig Wittgenstein）：一位多產的哲學家，主要研究領域是邏輯和數學。雖然這三位哲學家不喜歡以猶太人自居，但他們族譜樹（Family tree）的每根枝椏都表明他們有著猶太血統。再來還有胡塞爾（Edmund Husserl）：他是海德格（Martin Heidegger）的老師。納粹統治期間，海德格支持希特勒，加入納粹黨，不惜背棄師門。他解除胡塞爾的教職，從自己受胡塞爾指導寫成的著作中刪去老師的名字，甚至禁止胡塞爾進入大學圖書館。

就像史賓諾莎和馬克思一樣，上述的猶太哲學家都出於自己的哲學觀點而否定自己祖先的宗教。然而，猶太哲學家並不總是否定猶太教。例如德意志啟蒙運動的大哲學家門德爾松（Moses Mendelssohn）便同時是一位《塔木德》學者和守誡的猶太人。另一方面，他也投入於各種學問的研究。

門德爾松在同時代哲學家中有多麼出類拔萃，可從以下的事實看出：一七六三年，在普魯士國王召開的徵文比賽中，門德爾松以〈論形上科學中的證據〉（On Evidence in the Metaphysical Sciences）一文獲得首獎。獲次獎的是康德（歷來最偉大的哲學家之一）。

門德爾松不管對王侯、學者、猶太人或外邦人都大有影響力。他有能力催眠同時代的知識份子，使他們成為自己和猶太教的朋友。與他同時代的著名猶裔哲學家還有赫茲（Mordechai Hertz）和邁蒙（Solomon Maimon）。前者除了是哲學家還是柏林的資深物理學家，而後者的私生活雖然頗受批評，但毫無疑問是個哲學天才。康德說過，邁蒙比他（康德）的所有批評者加起來更了解他的哲學。

現代心理學奠基者之一的弗蘭克（Viktor Frankl）不只是其領域的一名領導人物，也是我們時代的知名哲學家。弗蘭克是忠實猶太教徒，甚至因此被關進納粹集中營。不管是戰前還是戰後，他都把猶太教視為自己身分認同的關鍵成分。他創立的療法稱為「意義療法」（logotherapy），是一種存在主義的分析方法，可視為以猶太哲學為基礎。

※

我們時代有兩位法國猶裔哲學家特別值得一提：一是列維納斯（Emmanuel Levinas），一是列維（Benny Levy）。列維納斯是法國最偉大的哲學家之一，其作品至今還受到享譽最隆的學術機構研究。在《塔木德四講》（*Keriyot Talmudiyot*）這部談猶太思想的作品裡，列維納斯把原創複雜的現代思想和古代的猶太哲學結合，獨出機杼。

列維原以法文名字維多（Pierre Victor）為人所知，是列維納斯和法國著名哲學家沙特（Jean-Paul Sartre）的學生。一九六八年巴黎學生革命期間，他是知名的領導者之一。在人生後期，他與沙特一起研究「喀巴拉」（Kabbalah）⑥，並發現了猶太教。自此他成了一名守誡律的猶太人，後來又追隨精通猶太哲學的耶路撒冷拉比沙皮拉（Harav Moshe Shapira）學習。

有意思的是，沙特和列維在研究過「喀巴拉」之後都深信，猶太人之能夠在歷史長河中存活，包含著奇蹟和超自然的成分。據列維在多年後憶述，沙特對猶太信仰中的「世界回歸完美」（Tikun Olam）觀念和「未來救贖」觀念非常動容。

數學與科學

每次我們要透過網路購買些什麼，我們的信用卡資料都會以加密方式傳送到賣方的網站。資料需要加密，是為防有人攔截信息，破解內容。

美國一般使用的加密方式是「RSA 加密法」。這三個字母是分別代表三個密碼學的頂尖人物：李維斯特（Rivest）、沙米爾（Shamir）和艾德曼（Leonid Adleman）。後兩位是猶太人。

任教於「魏茨曼科學研究所」的沙米爾（Adi Shamir）教授是世界知名的數學家，專研加密技術，對這領域做出過許多數學貢獻。上述三位「RSA 加密法」的先驅在二〇〇二年共同獲得聲望崇隆的杜林獎（Turing Award）——專門頒發給在電腦科學有突破成就的人。

「RSA 加密法」是以尋找大數目質數的演算法為基礎，因為這種演算法可產生出近乎無法破解的密碼。

艾德曼（Leonid Adleman）是電腦科學暨分子生物學教授，公認是我們時代最偉大的數學家之一。他成功證明了我們可以透過 DNA 遺傳密碼來進行數學運算。憑著這個，他成功把自己兩個專長領域結合在一起。

值得一提的是，「電腦病毒」一詞也是艾德曼所創造。它借自生物學，用來形容有破壞性的電腦程式。

※

「米勒－拉賓演算法」是以它的兩位發明人米勒（Gary Miller）和拉賓（Michael Rabin）命名。前者是美國人，後者是以色列猶太人，同時在哈佛大學和耶路撒冷的希伯來大學教數學。

我們無法想像一個沒有網上交易的現代世界，也無法想像沒有可靠加密方式的網上交易。就像購買印表機的墨水和其他日常用品那樣，現今要買賣股票、期貨和外幣全都可以在網上進行。要是沒有可以保護通訊的方法，要是無法只讓買賣雙方以讀取得到信息，網上交易將不可能存在。

基於方便運用和有效，「RSA 加密法」是現今最廣泛採用的資料加密方法。

---

⑥猶太教中一個神祕主義流派。

※

從事技術科學、工程學和電腦科學的猶太裔人數龐大，而這一點從一份著名清單的有趣標題可見一斑：「從艾德曼到齊默爾曼的知名電腦程式專家」（Famous Programmers from Adleman to Zimmermann）⑦。

在這裡，我們看到猶太人以其才華、原創性和勤奮而讓「猶太頭腦」在一個人類成就的重要領域獲得充分發揮。

※

猶太人和以色列人對「賽局理論」研究的貢獻是那麼的多，以致你幾乎可以稱這學問為一種「猶太專業」。

最早活躍於這數學領域的猶太人是知名數學家和不可知論者紐曼（John von Neumann）。咸認為他是「賽局理論」的主要開創者之一。

另一位特別值得一提的是烏曼（Yisrael Uman）教授。他是守誡的猶太人，也是希伯來大學的知名教授，因著對「賽局理論」的完善化而獲頒諾貝爾獎。繼他之後獲得諾貝爾獎的另三位科學家——梅爾森（Roger Meyershon）、赫維克茲（Leonid Horowitz）和馬斯金（Arik Maskin）——都是猶太人。

※

猶太人不只產生優秀數學家和知名科學家。在很多個案中，「猶太頭腦」帶來的是超出一切熟悉事物之上的創造性突破。

費曼（Richard Feynman）是這一類猶太天才的好例子。費曼以原創性而嶄露頭角，而他甚至有能力把兩門看似不可能結合的事業（數學家和幽默家）得而兼之。在其所著的《別鬧了，費曼先生！》一書中，他把最深奧和嚴肅的學問以讓人哈哈笑的方式表現出來。

在物理學的領域（影響現代人生活最深的領域），猶太人佔有的地位也遠超想像。一個屢見不鮮的現象是，在一些有劃時代科學重要性的研究計畫中，其參與者**全都是**猶太人。

例如，「EPR 悖論」（Paradox of Einstein-Podolsky-Rosen）便是由三位偉大的科學家所構設，而三人都是猶太人（「EPR 悖論」是對量子力學的一個早期批判，也是物理學史上最著名的理論之一）。

「阿哈諾夫－波姆效應」（Abaronov-Boham effect）是以色列物理學家阿哈諾夫教授和猶裔美國物理學家波姆共同發現。

---

⑦ Adleman 和 Zimmermann 都是猶太姓氏。

在著名的「曼哈頓計畫」（美國研發原子彈的計畫），包括計畫主持人奧本海默在內，有半數參與者是猶太人。

※

物理學、化學和生物學這些精確科學被認為是最困難的學科，非有過人的智力和精神毅力不可能有所成就。有那麼大量的猶太人在這些領域表現傑出，毫無疑問反映著那是猶太文化強調學習和智慧的價值有以致之。

今天，最炙手可熱的物理學領域是量子力學：包括它的實際應用、原子研究，以及把量子力學結合於愛因斯坦的相對論。除愛因斯坦外，為這個領域奠定基礎的還有尼爾斯．玻爾（Neils Bohr）：他生於丹麥（母親是哥本哈根富有猶太家族的千金），被認為是其時代最重要的物理學家和數學家。

玻爾家族相當於科學界的貴族世家。首先，尼爾斯和弟弟哈那德（Harald）都是著名數學家（湊巧也是傑出足球員）。另外，尼爾斯的兒子奧格（Aage）也踵繼父親的腳步，在父親獲得諾貝爾物理學獎的五十年之後，獲得同一獎項。這個難得的家族證明了，科學才華可以一代傳一代。

不過，這兩個名字只是一長串名字其中兩個。事實上，對量子力學有所貢獻的科學家超過半數是猶太人。有鑑於量子力學是科學研究的最前沿，猶太人在這領域的不凡成就足以證明他們眼力非凡，有能力辨識出領導性潮流，並毫不猶豫地馬上投入。猶太人從不把時間浪費在毫無前景可言的事業，又總是能夠把他們的科學才能與生意眼光結合在一起，選擇可為他們贏得最大名氣的領域。

在量子力學的領域，導前驅的猶太人有紐曼、玻恩（Max Born，他在一九一四年從猶太教改皈路德宗）和費曼。今天在量子力學大出風頭的猶太或以色列科學家包括了瓦德曼（Lev Vaidman）、佩雷斯（Asher Peres）和阿哈羅諾夫（Yakir Aharonov）。

醫學與法學

據說，每個猶太母親都盼望兒子長大後成為醫生或律師。不管此說是否屬實，猶太人在醫學界和法律界的表現都非常搶眼。

光是紐約市一地，便有不少於三千五百家猶太人開的法律事務所和八千個猶太執業醫師。

從事這兩種專業除了需要知識和技巧，還需要有敏銳的心智和堅韌的精神毅力：猶太人因為兼具所有這些長才，所以表現特別成功。

※

到紐約大都會地區觀光，你會驚訝地看到，不管是在布魯克林、布朗克斯還是曼哈頓，許多大型醫院都是以猶太的人事物命名，包括「邁蒙尼德」、「以色列家」（Beth Israel）、「西奈山」、「愛因斯坦」和「蒙蒂菲奧里」（Montefiore）等。再來還有大內克（Great Neck）的「長島猶太醫院」和長島的其他醫院。另外，紐約的許多頂級醫院總有些樓閣或側棟是以猶裔捐贈者的名字命名。

這些醫院不是專為猶太人開設，服務對象是一般大眾。它們的名字反映出猶太人在建立醫院一事的先驅角色。這現象無疑還有歷史原因，但仍可顯示猶太人在醫學界的地位獨一無二。

事實上，「猶太人」和「醫學」兩者幾乎會讓人發自本能地聯想在一起。例如，歷來共有三一％的諾貝爾醫學獎得主是猶太人。這種相關性甚至可以追溯到醫學的起源之初，從中世紀一直延續至今日。知名的猶太醫藥家不勝枚舉，犖犖大者包括蒙邁尼德、沙克（小兒痲痹症疫苗的發明人）和哈夫金（Mordechai Ze'ev Haffkine）。哈夫金是十九世紀著名生物學家，為巴黎巴斯德研究所工作時開發出斑疹傷寒和霍亂病疫苗，挽救了數以十萬計印度人的生命。

猶太人幾乎對現代醫學的每個領域都有所貢獻。沙賓（Albert Sabin）延續沙克的工作，開發出一種更細緻的口服小兒痲痹症疫苗。布魯姆伯格（Baruch Blumberg）開發出對抗乙型肝炎的疫苗。埃德爾曼（Gerald M. Edelman）對人體免疫系統結構的研究成果卓著。柴恩（Ernst Boris Chain）在盤尼西林的研發上有著決定性貢獻。前述三位醫學工作者都是諾貝爾醫學獎得主，足以證明他們的發現非同小可。

用於治療肺結核的「鏈黴素」（Streptomycin）以及一系列抗生素是另一位猶裔諾貝爾醫學獎得主韋克斯曼（Zalman Waxman）所發現。事實上，「抗生素」一詞就是韋克斯曼所鑄。然而，他在開發「鏈黴素」一事上的角色並非沒有異議：沙茨（Albert Schatz）教授——他曾在羅格斯大學（Rutgers University）大學擔任韋克斯曼的研究助理——便聲稱自己亦大有功於「鏈黴素」的發現。他的主張後來獲得接納，被列為「鏈黴素」的共同開發者。不讓人意外地，沙茨亦是猶太人。

※

猶太醫學工作者不只致力於拯救生命，還非常著重研究減輕痛楚和改善健康狀況的方法。與古代世界許多文化不同的，猶太人一直熱衷革新醫學。在現代醫學出現很久以前，當世人還沉迷於以神祕方法對治疾病之時，猶太人的醫學方法已經懂得尊重理性，儘可能只採取經驗證明為有效的治療方法。

儘管猶太人相信人會生病是出於上天的旨意，但在實踐層面，他們仍然專注於歸納出有效的療法。

邁蒙尼德的醫學知識（見於他的《密西那—妥拉》〔*Mishneh Torah*〕一書）主要是以豐富經

驗和對自然界運作的邏輯理解為基礎。讀他的書時，我們會強烈感受到這一點。

藉這個機會澄清一個謠言：以色列的醫院從不拒收生病或受傷的巴勒斯坦人。就連在以巴衝突的高峰時期，以色列的醫院一樣接納巴勒斯坦病人，給予他們明智和專業的治療。

法律

猶太人是全世界法律界唯一有自己國際組織的一群。這個組織稱為「國際猶太律師與法學家協會」（IAJLJ），結合了許多國家（它們彼此的司法系統有時會迥然不同）許多不同領域的法律專家。

美國也有一個叫「美國猶太律師與法學家協會」（AAJLJ）的組織，其成員的唯一共通點是他們全為猶太人。

猶太人從不以創立一或兩個組織為滿足，所以除 IAJLJ 和 AAJLJ 以外，我們還看見了「猶太律師行會」（Guild of Jewish Lawyers）。

大學講師帕斯（Reut Yael Paz）為猶太人的法學才華追根溯源後指出，在二十世紀初期，中歐國家的律師有兩成是猶太人。

這種趨勢在猶太人大舉移民美國之後達至高峰：根據不同的估計，今天在法界各領域工作的人員中，猶太人佔了一半。

我們時代最著名的猶太法官包括了摩根索（Hans Morgenthau）、凱爾森（Hans Kelsen）、布蘭戴斯（Louis Brandeis）和弗蘭克福特（Felix Frankfurter）等，他們對奠定現代法律的基礎居功匪淺。布蘭戴斯是第一位獲選美國最高法院法官的猶裔人士，咸認為是其時代最傑出的法官之一。

布蘭戴斯的入選鋪平了其他猶裔法官當選的道路。自他之後，猶太人在法官中所佔的比例升高至十七%。

著名的猶太法官卡森（René Cassin）是《人權宣言》的起草者之一。受到羅斯福夫人的鼎力支持，這篇發表於一九四八年的宣言成了聯合國的基礎文件之一。時至今日，它仍然是該國際組織的倫理與精神基礎。一九六八年，卡森獲頒諾貝爾和平獎。

另一位知名度不輸任何人的猶裔法官是戈德通斯（Richard Goldstone），他曾領導聯合國調查團調查以色列軍隊在加薩地帶進行的「鑄鉛行動」（Cast Lead Operation）。

值得一提的知名法界人士還有德修茲（Alan Dershowitz），他是美國最優秀的律師之一，詞鋒犀利，代表許多知名人物打過受高度矚目的官司。在美國，不少成功的猶裔律師後來都轉戰小螢幕，主持與法律相關的電視節目，大受歡迎。例如，前紐約市家事法庭女法官茱迪．山德林（Judith Sheindlin）是《朱迪法官》（Judge Judy）節目的主持人。她丈夫傑利．山德林（Jerry Sheindlin）原是紐約州最高法院法官，後來也是轉換跑道，在電視節目《人民法庭》（The People's Court）擔任法官。另一位轉戰電視的法官是郭德華（Ed Koch），他還當過紐約市市長和國會議員。

奪獎健將

猶太人、獎項與盛名

想衡量猶太人在人類各領域的表現有多麼不凡，一個重要指標是看他們在重要的學術與科學獎項得主中佔有多少比例。

全世界最著名的獎項當然是諾貝爾獎，但猶太人在其他許多知名獎項一樣不缺席。這現象在過去一百年變得更加明顯，這是因為世人現已不那麼受偏見束縛，讓傑出猶太人的成就更容易得到肯定。

各種數據皆反映出，猶太人在許多人類文化領域都表現得極為突出。這現象的原因容或有爭議，但卻不可能忽視。因為名副其實是每個領域皆見的現象。

這個鐵錚錚的事實讓那些把猶太人知名度歸因於媒體炒作的人站不住腳。在在看來，即便不承認猶太人擁有一種殊異的遺傳基因，「猶太才華」的神話仍有真理的成分（本書後面會有一章專門談此）。

「猶太專屬獎項」（Jewish Prize）

猶裔諾貝爾獎得主

迄今有超過一百五十位猶太人獲得諾貝爾獎（這獎項是每年頒發，用以表揚在科學、經濟學、人類關係和藝術等領域有突出貢獻的人物）。

二〇〇九年，「魏茨曼科學研究所」的艾妲．約納特（Ada Yonath）教授以其對「核糖體」（ribosome）的結構與功能的研究，成為第一位獲得諾貝爾獎（化學獎）的以色列女性。翌年，猶裔荷蘭人海姆（Andre Geim）獲得諾貝爾物理學獎。迄今，諾貝爾獎得主的總人數是八五三位，其中有一百五十位是猶太人，佔總得獎人數近兩成（這比例較之猶太人在世界總人口比例要大上九十九倍：世界每五百人之中只有一個猶太人，但每五個諾貝爾得主中便有一位是猶太人）。

如果考慮到有三分之一的猶太人在二次大戰中被殺害，那猶太人在一九五〇年諾貝爾獎得主中所佔的比例更高達近三成。

眾所周知，瑞典政府並沒有任何猶太淵源，與以色列也無特別友好的關係。正好相反，有觀察家主張，近年來發生的一連串事件已經讓瑞典人對猶太人產生出一種輕微的反猶太情緒。

諾貝爾獎給獎的標準非常嚴格，而推薦候選人的管道也非常多元（主要是學術界）。得獎名單是由一個數十人組成的獨立委員會決定。有些獎項只頒給研究工作完成多年的人，因為這有利於讓委員會判定這些研究造福人類的程度。

另外，由於全世界媒體都會盯著諾貝爾獎的給獎，評選委員會的決定必須完全透明。另外，全世界有許多人都與得獎者屬於同一或相近專業圈子，所以，當選者若非分量十足，必定會引來非議。但迄今為止，仍然不曾有人指控過諾貝爾獎評選委員會偏袒猶太人。

※

想知道獲得諾貝爾獎的猶太人人數多得有多麼不成比例，我們只要看看有多少穆斯林得過諾貝爾獎便可見一斑。全世界共有十億以上的穆斯林，但迄今得過諾貝爾桂冠的穆斯林只有八位（不到總得主的一％）。

值得一提的是，這八位穆斯林得獎者中，有一位的給獎大概是可悲的歷史錯誤：把和平獎頒給了阿拉法特（Yasser Arafat）。然而，正如新聞工作者加利利指出，把穆斯林和猶太人得諾貝爾獎的比例拿來比較無甚意義：

以色列人喜歡提猶太人和阿拉伯人對世界的貢獻有多麼天差地遠。這種比較完全是無謂的。如果諾貝爾獎在阿拉伯歷史的高峰時期便已存在，那麼，大概有很多阿拉伯人會因為建築、數學、科學、詩歌和文學方面的成就而獲獎。然而，在某個歷史階段，阿拉伯人沉入了一種黑暗和失序的狀態，至今未能脫身。

所以，根據族群、文化認同和國籍來比較諾貝爾獎得獎者的時候，我們也應該把他們的民族在不斷變化的歷史循環中處於哪個階段考慮進來。

加利利認為，光是強調猶太人在世界最崇高一個獎項的得獎比例便儘足夠。

其他重要獎項

諾貝爾獎是世界最知名的獎項，但它反映的趨勢也見於世界一大堆其他獎項。「費爾茲獎」（Fields Medal）是數學領域的最大殊榮，專頒給不滿四十歲而對數學有卓越貢獻者。為了讓人可了解這獎項有多麼了不起，皮爾斯在其《猶太成就的黃金時代》一書中指出，著名數學天才納許（John Nash）當過費爾茲獎的候選人，但卻沒有獲獎。不過，納許（電影《美麗境界》便是講述他的故事）卻在一九九四年獲得了諾貝爾經濟學獎。有超過四分之一的費爾茲獎得主是猶太人。

數學領域的其他重要獎項還有「博修獎」（Bocher Memorial Prize）、「斯蒂爾獎」（Leroy P. Steele Prize）和「柯爾獎」（Frank Nelson Cole Prize）。三個獎都是由美國數學學會頒發。猶太人在這三個獎的得獎比例讓人難以置信：大約一半。

「京都獎」（Kyoto Prize）創立於一九八五年，是日本為表揚在哲學、藝術、科學和技術有傑出貢獻的人士而設。這獎項不只頒給在自己領域最頂尖的代表，還頒給那些對人類有貢獻的人士。自「京都獎」創立以來，共有四分之一得獎者是猶太人。

「普立茲文學獎」有五一％得主是猶太人，而這個獎項的名稱本身便是以著名猶裔出版家普立茲（Josdph Pulitzer）命名。它被認為是新聞工作領域最重要的獎項。但可別以為得獎人是由普立茲的後人挑選：不對，評審工作是由哥倫比亞大學成立的一個獨立委員會負責。

由美國政府頒發的「國家科學獎」（National Medal of Science）有三八％得主是猶太人。及至二〇〇六年為止，共有四百二十五人獲頒此獎，其中兩百位是猶太人。這獎項是以美國國會一九五九年通過的一條特殊法律為基礎。第一屆「國家科學獎」在一九六三年頒發，得主是猶太人馮．卡門（Theodore von Karman）。馮．卡門是工程師暨物理學家，生於布達佩斯，對超音速飛行的研究有卓越貢獻。

頒獎詞這樣解釋馮．卡門得獎的理由：「他是個頂尖的科學家，為航空動力學打下了科學工程學的基礎。他給過美國軍隊很多重要建議，也給過科學與工程學的國際合作許多建議，造就出許多成就。」

隨著時光的推移，愈來愈多猶太人榮獲「國家科學獎」，出席每年一度在白宮由總統親自主持的授獎儀式。凡是在行為科學、生物學、化學、工程學、數學或物理學有出色貢獻者皆有可能獲獎。

經濟學方面，猶太人在「克拉克獎」（John Bates Clark Medals）得主中所佔的比例高達六五％。這獎項是美國經濟學協會所頒發，要表揚不滿四十歲而對經濟學思想與知識有卓越貢獻者。

（以上提到的數據有一部分是取自 jinfo.org 網站——該網站包含許多有關猶太人對人類文化各大領域所作貢獻的可靠統計數據。）

以色列頭腦

以色列做為一個科學強權

以色列建國後，「猶太才華」有了一個揮灑的新舞台，而猶太人在過去世紀所表現的傑出成就也變成了這個猶太人國家的註冊商標。

雖然本書對以色列涉及的政治與道德問題不採取立場，但有一個事實仍不容忽視，那就是全世界有大約一半的猶太人口集中在以色列。猶太人在「大離散」期間表現出的成功和智慧，如今也展現在以色列。美國和加拿大亦有為數不少的猶太人口，而正如前面指出過的，猶太人在這兩個國家的表現要比在其他任何地方傑出。

以色列猶太人在各領域的迅速推進同樣讓人印象深刻。例如，以色列立國沒幾年，其軍隊便成了世界最精良的軍隊之一。因為聚集了大量才智之士，以色列為世界帶來了許多有益的發明，而它強烈的國際參與程度也讓一些比它歷史悠久許多的國家感到吃味。

就貿易與經濟發展的角度而言，以色列因為缺乏獨特的自然資源和可觀的進出口貿易，讓猶太人累積了許多個世紀的商業長才無法盡情發揮。

因此，我們很難把以色列看成一個經濟富裕的好例子，而以色列的經濟學家雖然享有國際聲譽（其中一位是前世界銀行高級官員費雪〔Standley Fisher〕），但他們的貢獻主要是在理論方面。直至前不久高科技產業綜合體興起之前，以色列在經濟的表現一直乏善可陳。不過，隨著全球化的到來，以色列猶太人或可望重拾商人和貿易家的傳統角色，成為全球市場的重要競爭者。

值得注意的是，在二〇〇八年全球經濟危機期間，以色列經濟學家表現優異，備受稱讚。全世界頂尖的經濟學家都指出以色列的銀行制度健全，經濟政策表現明智。

※

除此以外，以色列國堪稱一大批猶太特質的典型代表。它是才智之士的最大出口國，持續增加的國際影響力引起世界矚目。與此同時，以色列又是招惹仇恨與批評的焦點，但它又總是挺得住仇視與批評，繼續存活。在在看來，「流浪猶太人」的全部典型特質都體現在以色列的集體國民身上。

我們在地圖上

在美國華盛頓的自然史博物館（Musemum Natural History），參觀者會看到一些有關海洋生物的3D電影。如果以色列人身在觀眾之中，將會得到一個驚喜：在一段影片中，幾個在內蓋夫（Negev）工作的以色列科學家操著無懈可擊的現代希伯來語，侃侃而談他們在遠古海洋裡發現的遠古生物。

在美國「歷史頻道」播放的《宇宙》系列裡，你會聽到以色列太空人拉蒙（Ilan Ramon）的名字——他是二〇〇二年升空時爆炸的「哥倫比亞號」太空梭的機組員之一。在其他科學節目，以色列科學家也常常是訪問的對象。他們掌握的材料極其豐富，能夠對被問及的問題提供詳盡的解釋。在他們講話的時候，你無可避免會注意到，他們背後出現一些希伯來文字：這背景也許是海法（Haifa）的「以色列理工學院」（Technion）的大堂，也許是某個學術會議的希伯來文橫幅。這些小節在在提醒我們，以色列在世界的科學社群裡擁有著顯著身影。

以色列：國際科學活動的中心

以色列地處三大洲的交會處，每年都有數百萬從歐洲遷徙到非洲的候鳥途經，因此是個觀鳥的國際中心。

以色列獨一無二的地質結構也吸引了全世界科學家的目光到此研究。縱貫以色列全長的「非敘斷層線」是板塊研究的聖地。位於內蓋夫的巨大火山口被許多地質學家認為是非去一開眼界不可之地。死海也是如此：它是地球表面的最低點，獨一無二的含鹽濃度使之成為科學探索的永恆聖地之一。

以色列所在的中東是西方文化搖籃，也是地區內唯一的民主國家，允許世界各地的考古學家和歷史學家到此從事研究，並給予全力配合。

宗教學者也喜歡造訪以色列，因為此地可讓他們近距離觀察猶太教、基督宗教的早期歷史，以及伊斯蘭教歷史的重要部分。

上述優勢和其他優勢造就以色列成為一個巨大智庫，而以國的學術單位也樂於與世界各地的研究單位合作，互相裨益。

雖然面積窄仄和長期需要面對極嚴峻的環境，但以色列仍是公認的科學強權。

※

以色列頒發的「沃爾夫獎」（Wolf Prize）是世界科學界最有威望的獎項之一。有些人認為其威望僅次於諾貝爾獎，而兩個獎也存在若干重疊之處。有不少諾貝爾獎得主先前都得過「沃爾夫獎」。

哈佛大學的傑出學生會到以色列大學研習，而著名的以色列科學家也在世界各地的一流大學扮演資深角色。美國太空總署和歐洲核子研究組織，以色列天文學家和物理學家也沒缺席。

一個絕佳例子是美國的太空梭，它的一種重要零組件是向以色列的「菲達」公司（Fital）購買——「菲達」要不是擁有獨步全球的技術，絕不可能得到這種殊榮。

還有好些其他的以色列公司參與了美國太空總署的計畫。想更進一步了解這種成就所代表的意義，以色列前將領伊凡（Avi Har Even）接受《經濟學家》（*Kalkalist*）雜誌訪談時說的話值得參考：

> 以色列太空總署前執行長和歐盟「伽里略」導航衛星計畫現任顧問伊凡指出：與美國太空總署合作有比金錢更大的誘因。能夠與美國太空總署合作，是任何科技公司能有的最好名片。就對產品品質的要求而言，美國太空總署是最嚴格的組織。任何零組件在太空出問題，要修理會非常困難。它不像飛機或汽車，可以拖回機庫或車庫修理。所以，美國太空總署購買任何產品以前，都會進行最詳盡的測試，也只購買那些絕不會出狀況的產品。

當美國太空總署把你生產的零組件送上太空，其他人自然想要向你購買，整個市場為你打開。你會像個世界名醫那樣，所有人都因為你的名氣，爭相花大錢找你治病。

著名的CERN實驗（這實驗是要把次原子粒子加速到光速的速度，進行地點是位於日內瓦附近的世界最大物理實驗室）也匯集了數以十計的以色列科學家。在該計畫所使用的硬體和軟體當中，有些組件和科技是在以色列研發。這實驗也會測試一些由以色列科學家提出的理論。

以色列的驕傲

以色列是個年輕國家，立國沒多少年，卻已蒐集到為數不少和深具意義的科學文物。一部美國人拍攝的牛頓傳記電影指出，牛頓一些手稿被保存在以色列的國家圖書館。愛因斯坦生前便立下遺囑，把他所有作品的版權和名字使用權贈與耶路撒冷的希伯來大學。

※

以下是對「以色列才華」的一些事實性補充：

- 以色列社會各階層擁有大學學位者的比例都是全世界最高。
- 與人口比例相比，以色列發表的科學論文數量高居世界第一。

‧以色列科學家在國外大學任教的比例在全世界數一數二。
‧有許多以色列的科學出版品被翻譯成多國語言，也有許多國家的科學出版品被翻譯為希伯來文。很多科學著作被翻譯為希伯來文的速度都快過被翻譯為其他語文。
‧世界數一數二的學府哈佛大學在以色列設有研究計畫；紐約大學在以色列也有研究項目。
‧以色列在歐洲擁有的專利權數目排名第二。
‧根據世界二千六百名科學家的意見，以色列的「魏茨曼科學研究所」是自然科學和生命科學領域的最佳研究機構。
‧世界第一部生物電腦是由「魏茨曼科學研究所」的夏比洛教授（Ehud Shapiro）研發而成。
‧以色列的科技研發刊物的數量高居世界第一。

這些數據見證了以色列在世界科學社群的核心性。事實上，如果考慮到人口比例的因素，那以色列堪稱是世界最大的科學強權。

※

位於雷霍沃特（Rechovot）的「魏茨曼科學研究所」是以色列科學界的冠上明珠。多年來，它都公認為世界頂尖大學之一，也是科學研究的尖兵。在那裡獲得的許多發現（大多是物理學和生物學方面）讓它名聞遐邇。它的最新一項創發是「改良牛頓力學」（MOND），相當於暗物質（Dark Matter）理論的一個替代性理論。

一個特別引人興趣的事實是建於迪莫納（Dimona）的原子反應器。早在一九六〇年代初期，以色列便擁有夠多的科學家，足以維持一個活躍的原子反應器。所以，雖然面積不大，以色列還是證明自己在科學研究和發展的領域實力十足，足以建立和維持一個反應器。與伊朗需要中國和北韓科學家幫助才能從事核子研究不同，以色列很快（自一九六〇年代起）便擺脫它對法國科學家的依賴，有能力自行研發反應器。以色列的物理學家和數學家多得過剩，讓它可以把人才輸出，供世界各國的大學和重要國際計畫（如上面提過的 CERN 計畫）借重。

以色列這麼小一個國家竟能成為軍事強權，不可謂不稀奇，而「猶太頭腦」對這個事實顯然有著匪淺貢獻。

※

另一個可見證猶太人在知識和文化兩方面有強勢表現的標的，是線上百科全書「維基」（本書寫作過程中也對這百科全書多所借重）。迄目前為止，「希伯來文維基」的條目數量正快速邁向十萬大關。很多語言的「維基」都尚未達到這個里程碑。考慮到希伯來文讀者和撰文者在世界上是相對少數，這種成就尤其令人刮目相看。事實上，這現象反映的乃是操希伯來語人士在世界科學社群和文化社群具有舉足輕重的地位。

◎編者註：「希伯來文維基」比預期還快的速度越過了十萬條目的大關。在在看來，不只條目的數量快速增加，連增加步伐也愈來愈快。目前，「希伯來文維基」共有超過十二萬條條目，而「英語維基」的條目數是兩百萬。

同樣值得一提的是，「維基」創辦人威爾斯（Jimmy Wales）本身也是猶太人。他在希伯來文「維基」突破十萬條目之後，給希伯來文的撰寫群寫了一封公開封信：

端賴各位的群策群力和熱忱，「希伯來文維基」成了迄今為止最大一部希伯來文百科全書，也是規模最大的「維基」版本之一。希伯來語社群的人數相對微小，但卻有著重視資訊和教育的悠久傳統——正是這傳統為「維基」最有熱忱的其中一個社群提供了一片茁壯的沃土。

「希伯來文維基」包含不少從英語翻譯過來的條目，但仍然有大量科學條目是由各領域的以色列專家以希伯來文執筆和編輯。這些條目與用任何其他語言撰寫的同類型條目相比都毫不遜色。

新聞工作者加利利在寫的一篇文章道出了「希伯來文維基」反映的另一個重要意義：

> 每一種語言的條目多寡都反映著該語言社群的文化水平，和在多大程度上準備好為世界做出貢獻。以色列的猶太人少於六百萬，但迄今（二〇〇七年的十一月）已為「維基」撰寫了六萬五千三百二十四條條目，反觀阿拉伯人的總人口是十億兩千萬，卻只撰寫了四萬三千四百零七條條目。「英語維基」的條目總數是兩百零七萬一千七百一十三條。「希伯來文維基」在世界中的地位可以透過「深度指數」測量，它反映的是任何語言在它的能文人口中的被使用程度。在五十二個最大的「維基」社群中，希伯來社群位居第三（居首和居次的分別是英語與越南語）。

以色列發明

《專利權之歌》（The song of the patents）是一九六〇年代的以色列流行歌曲，其中包括以下歌詞：「猶太頭腦為我們生產出專利權。」

值得注意的是，歌詞作者切費爾（Chaim Chefer）用的是「猶太頭腦」一詞，不是「以色列頭腦」。但事實上，以色列因為聚集了大量才智之士，再加上艱困的生存處境，遂為發明的巧思提供了一片沃土。有些人甚至認為，以色列國的主要輸出品正是在專利權的領域。

例如，死海固然不是以色列人發明，但以色列人卻懂得拿它來打廣告，並看出把死海那些滑溜溜的泥巴賣給海外的家庭主婦是一筆大生意。

以色列公司「愛海薇」（Ahava）所從事的正是這門生意，它生產的一系列產品（從礦物到鹽）都是從死海及其四周取得。這些產品為數以千計的以色列海外學生提供了最初的生計。起初，他們都是在美國購物商場的門外用手推車擺攤販賣，常常遭到移民警察的取締。事實上，生意眼光一向是猶太人的強項，但這一點我們會留待下面的專章再論。

以下列舉一些以色列人值得讚美的發明。有些是我們每天都會使用，卻又不知道我們欠以色列一個感謝。

多一點點巧思

數以十萬計的非洲土著和數以十億計乾旱國家的人民，都有賴一項著名的以色列發明才能收成到他們的農產品。這種稱為「滴灌技術」（drip irrigation）的發明有可能是猶太人對全世界人類最重要的貢獻。

這技術需要的設施甚為簡單，卻可對有限的水資源做出精準和有效率的利用。過去，人們試用過口徑極窄的水管，但發現水很快便會卡住，而改用較大口徑水管的話，又會讓太多的水流失。

四十年前，以色列工程師巴勒斯（Simcha Blass）領悟到，解決這問題的方法不在把水管的口徑設計得窄一些，而在於加長送水管的長度，讓水得先走一段長路才到得了滴水口。這段長路和水與水管壁的摩擦可以大大減緩流量。到達出水口之後，水會慢慢滴流，不致於浪費水資源。

這種簡單而有效的方法如今已超過一百個國家利用，有四千萬個滴水器分布在數以百萬計英畝的土地。

使用滴水器可以讓一些過去是不毛之地的土地（例如砂質土）長出植物。位於加薩地帶的猶太屯墾區（稱為「古什卡蒂夫」）便是這方面的模範生：靠著把「滴灌技術」應用於砂質土，這些屯墾區獲得了可觀的農業收成。

需要是發明之母。以色列的嚴苛氣候環境引發了更多的發明，而它們有一些在其他國家也受到重要應用。鹹水淡化技術、導引和水管鋪展技術、深水的鑽探技術——這些全都是以色列的發明。

一個特別別出心裁的發明是著名的太陽能熱水器，它是以色列任何新房子的必備配置。早在一九五〇年代，以色列工程師伊莎爾（Levi Yisar）便設計出第一台太陽能熱水器的原型。他主張，使用太陽能可大大減低對電力和燃料的依賴。

在一九七〇年代，出於能源危機和阿拉伯國家塔沃爾拒絕供應石油給以色列，人們對替代性能源的需求大為增加。為此，以色列物理學家塔維爾（Tzvi Tavor）開發出現今規格的太陽能熱水器（今天幾乎在每戶以色列人家的屋頂皆可看見）。據估計，這種設備讓以色列每年省下兩百萬桶石油的用量。

現今，太陽能熱水器也在世界其他地方（包括非洲和中國）愈來愈流行。近年來，歐洲國家有鑑於石化燃料對環境會造成破壞，也對太陽能熱水器愈來愈感興趣。

※

世界全數以百萬計的人被以色列的醫藥發展救了一命。

例如，「鏡頭」藥丸（包裹著微型攝影機的膠囊，它讓醫生可以穿過阻隔，看見病人腹內增生的癌細胞）便是以色列公司「吉本影像」（Gibben Imaging）研發而成。如果把以色列人口在世界總人口所佔的比例考慮進來，那以色列擁有的生技公司乃是世界最多。

總之，雖然全世界最大的工業生產力是集中在遠東（特別是中國），小小的以色列卻起著重要的智囊作用。

猶太人何以如此聰明？

人們對這個問題的看法也是眾說紛紜，莫衷一是。直到上世紀的最後幾十年，這個問題才開始受到嚴肅的研究。現今的主導科學理論從一開始便否定有所謂的超自然「猶太才華」，甚至否定猶太人的聰明是遺傳基因造成。

萊博維茲（Yeshayahu Leibowitz）教授基於好些理由反對這些假設。首先，他認為「集體才華」之說乃是無稽之談，因為每一個人都是獨一無二。另外，身為生化學家，他也否定後天培養出來的能力可以遺傳給下一代。

因此，他認為真正的解釋應該是猶太人比世上任何民族都更愛學習和更愛知識。單是這個理由便足以讓猶太人更善用人人皆有的才智，也因而更容易表現傑出。他也指出，整體的猶太民族並沒有比其他民族更聰明，但受過高等教育的猶太人卻比其他國家受過高等教育的人聰明（不過他也承認，與其他民族相比，受過高等教育的猶太人的百分比要高許多）。

※

今天，有關猶太人何以特別聰明的問題，最熱門的理論是由三個基因學家提出。他們認為，猶太人不斷受迫害的事實形成了一個物競天擇的機制，讓愈聰明和愈能幹的猶太人愈有機會存活下來。因為每一代都會多一些聰明人活下來，猶太民族裡聰明人的數目自然穩步上升。

當然，要解釋猶太人何以特別聰明，最合邏輯的假定乃是歸因於他們發展出一套鼓勵學習的文化，但這又會引發另一個問題：是什麼理由讓猶太人那麼強調學習的重要性？

美國哲學和政治科學專家莫里（Charles Murray）在〈猶太才華〉（The Jewish Genius）一文（載於《評論》〔*Commentary*〕雜誌）設法回答這問題：

從最開始（顯然可以回溯至摩西的時代），猶太教便非常著重腦筋的磨練。上帝命令猶太人要重視律法，而這表示他們必須研究律法。猶太律法是那麼包羅廣泛和複雜，意味著學習和溫習律法乃是一個無止境的過程。另外，猶太男性也無法假裝自己學習過律法，因為父親有職責要教導子女律法。如果父親沒有認真學習過律法，他的失職將會一目了然。沒有其他宗教會把那麼大的知識要求加諸全體信徒。

……我猜測，猶太人的高度語文技巧後來又因為他們必須學習西元前一世紀之後寫成的複雜典籍而提高兩至三倍。不過，更可信的猜測是，他們若不是本已擁有極高的語文技巧，斷不會在族人中間設立那麼艱難的要求。

這種推理把我進一步推進到猜測的領域。只要我假設猶太人早在摩西的時代便擁有不尋常的語文技巧，便會在演化心理學家提出的最終質疑前面變得無力招架。因為，為什麼在摩西的時代，大家生活在一樣的遊牧和農業環境，但中東的其中一支民族卻可以發展出高超的知識水平，而其他所有民族則否？

對於這個問題，我要託庇於我的最後一個假設（一個異常方便又幸而是無法否證的假設）：因為猶太人是上帝的選民。

猶太人點石成金的本領

生意人民族

如果你在加州某個城市偶然碰到祖克柏（Mark Zuckerberg），八成不會想要多看他一眼。他的長相看似一個典型的美國青年：他們整天無所事事，無聊透頂，不是把時間花在看電影便是逛商場。這印象看來離事實不遠，而且是祖克柏自己刻意營造。然而，在現實生活中，祖克柏卻是全世界最炙手可熱的高科技公司的董事長。他創立的「臉書」網站迄今共有三億五千萬活躍會員，而且持續不斷增加。

祖克柏是個多姿采又我行我素的人物，這讓他有別於矽谷的其他公司的大老闆。接受電視時事節目《六十分鐘》訪問時，祖克柏表示他的公寓只有一間臥室，而且臥室裡沒有床，只有床墊。但你用不著同情他。據估計，他二〇一一年度擁有的資產是一百三十五億美元——這種身價讓他以二十七歲之齡成為世界最年輕的億萬富豪之一。

祖克柏是猶太人，也對自己的猶太血緣非常自覺，念大學時便加入了國際猶太青年組織「阿法爾兄弟會」（Alpha Epsilon Pi）。

目前，「臉書」已是網路上第一熱門網站，每天有數以千計新會員加入（其中不乏動見觀瞻的各界領袖人物）。各位至少有一位朋友會是「臉書」會員。有些人還認為，歐巴馬能夠在美國總統大選中勝出，他的「臉書」網頁居功匪淺。

※

祖克柏的故事只是許多成功猶太人故事的其中之一。綜觀歷史，有生意眼光的猶太人不乏人人，但要直到最近代，拜自由平等風氣擴散之賜，猶太人的商業才智才有機會在民主國家得到最大發揮。

以色列《國土報》（*Haaretz*）政治專欄作家班恩（Aluf Benn）在《指標》（*TheMarker*）雜誌寫過一篇叫〈銀徽章〉（The Silver Badge）的文章，回顧了猶太人歷來的商業成功史。他引用歷史學家墨勒（Jerry Muller）的話指出，猶太人每逢得到公平的競爭機會，總是可以獲得遠高於人口比例的成功。猶太的商業才智歷經長年累月的打磨，最後在資本主義興起之後找到了表現良機，能夠在市場上大顯身手。

班恩指出，據數據顯示，猶太人在事業上表現極其成功的現象並不只見於美國。在二〇一〇年加拿大百大富豪的排行榜中，有二十二人是猶太人；澳洲十大富豪裡面有五位是猶太人；據《星期泰晤士報》指出，英國最富有的一百個公民中，有十七位是猶太人。

為什麼猶太人會那麼成功？

在熱門網站「雅虎知識+」上，有網友問了如下的問題：為什麼猶太人會那麼成功？回應者的答案林林總總，反映出人們對這問題的意見極其分歧。

提問者選擇的最佳答案來自一位匿名回應者（他自稱是猶太人）。他說，一切都要歸功於教育。他說，猶太父母極強調高品質的教育。今日的世界是一個專業的世界，學識愈豐富的人會分得愈大一杯羹。猶太人因為在教育上拔了頭籌，所以佔盡優勢。

這回應還提到「猶太頭腦」此一耳熟能詳的用語。然而，大凡與成功商人有親身接觸的人都知道，學識淵博和事業成功之間並不必然有直接關係。另外，歷史上很多聰明人（不管是不是猶太人）都是窮哈哈，或者並不特別富有。

還必須指出的是，即便考慮了教育上的優勢，但猶太商人的成功程度仍然遠高於平均值。值得不厭其煩一提再提的是，猶太人在世界總人口只佔極小比例，但他們在經濟（不管是商業還是任何領域的產業）扮演的角色卻舉足輕重。

猶太人：生意人中的生意人

從前，財富主要是由貴族壟斷，所以，猶太人想要出人頭地，只能靠經商，特別是靠外貿。在許多中世紀文學作品中，猶太人幾乎總是扮演商人角色——最著名的例子當然是莎士比亞的《威尼斯商人》。正如馬克吐溫在其著名文章〈關於猶太人〉（Concerning the Jews）裡指出，猶太人之所以在各門生意全都表現傑出，主要是靠兩件事，一是可靠，另一是精明，懂得充分利用法律為他們提供的每個最小機會。

這就不奇怪，猶太人極精通於他獲准可參與並從中牟利的一個領域：商業買賣。在今日的全球化時代，猶太人在許多國家都獲得了平等權，而猶太商人的起跑點也遠優於從前。他們把這種優勢加以最大發揮，其結果則是有目共睹。

猶太人的成功不只表現於他們在美國或世界富豪榜所佔的數量，還表現在許多猶太人位居要津的事實。一個例子是美國聯準會主席柏南克（Ben Bernanke）：他在金融危機中力挽狂瀾，表現的經濟才智獲得了熱烈讚揚。他會獲《時代雜誌》選為年度人物可說良有以也。

值得注意的是，柏南克的兩位前任——葛林斯班（Alan Greenspan）和沃爾克（Paul Volcker）——同樣是猶太人。要知道，聯準會主席是極重要的政府職位，需要由總統提命，再經參議院同意，截然不同於那種光靠良好人脈關係使能獲得的政治任命。所以，能成為聯準會主席的人表示他的能力受到完全信任。既然過去三十年的聯準會主席都是猶太人擔任，猶太人的能力可見一斑。

基於美國在世界經濟的特殊地位，聯準會主席的影響力遠遠超出美國之外。二〇〇八年金融危機期間，各國的領袖和經濟官員莫不盯緊柏南克的一舉一動。所有人都知道，他的決策不只會影響美國國內事務，還會對全球帶來深遠後果。

※

另一個讓人感興趣的事實是，猶太人的生意頭腦於「大離散」涵蓋的整個地理範圍都有所表現。在摩洛哥，他們是大老闆和大地主；在葉門，猶太人控制了黃金和珠寶買賣；在歐洲，猶太人是工廠主。今天，高薪酬的專業吸引了大批猶太才智之士投入。在瑞士，他們是銀行家；在洛杉磯，他們是律師和會計師。在華爾街，每兩個股票經紀人便有一個多少帶有猶太背景。墨西哥的工商業有一大部分是控制在為數不多的猶太人手中。

暢銷書《富爸爸，窮爸爸》（*Rich Dad, Poor Dad*）出版後，威廉斯堡（Williamsburg）和安特衛普的猶太人並不需要買來看，因為書中教導那一套已被猶太人奉行超過一千年。

猶太人與珠寶業

在歐洲乃至亞洲和非洲，一門長期為猶太人所牢牢掌控的生意是珠寶業。從事珠寶業的猶太人為數那麼龐大，某個意義上可說已構成了壟斷。

有些人主張，「珠寶」（Jewelry）一詞就是衍生自「猶太人」（Jew），換言之，「珠寶」一詞在無意中透露出猶太人在珠寶業有多麼勢力龐大。

不管是在沙嫩（Saana）或摩洛哥，在維也納或布達佩斯，金匠和珠寶商都是當地猶太社群的象徵性人物。

在中世紀的文學作品裡，每逢有珍貴首飾的成色受到置疑，我們便會讀到這句話：「去把猶太人叫來。」換言之，「猶太人」在當時相當於「珠寶匠」或「商人」的同義詞。因為這些行當的從業者以猶太人佔絕大多數，以致並非猶太人的從業者也會被如此稱呼。

歷史學家墨勒指出，在歐洲，有近一千年之久，從事放貸業的業者一律是猶太人。這就不奇怪，在我們的時代，經貿活動最重要的其中一環（即「以本生利」的藝術），也是由猶太人執牛耳。他們對這門藝術的打磨和完善化已經不知歷經多少代人。

墨勒還指出，由於猶太人與放貸業的關係是那麼密不可分，以致有些國家會把從事放貸業的基督徒稱為「法律上的猶太人」（Jews by law）或是「基督徒猶太人」（Christian Jews）。

世界級富豪

《富比士》雜誌每年發布的富豪排行榜是同類型排行榜中最具權威性的一種。《富比士》

的名單分為四個範疇：（一）財產至少十億美元的個人；（二）最富有的四百個美國人；（三）美國十大富豪；（四）世界十大富豪。

不讓人意外地，猶太人在這些榜單上總是位居前列，而位居榜單較後段者也有許多是猶太人。二〇一〇年的排行榜透露出若干有趣的事實：

- 世界四百大美國富豪名單中，至少有三分之一是猶太人。
- 在大約一千名億萬富豪中，有一百五十位（即十五%）是猶太人。
- 世界最富有的一百人中有二十一位猶太人。
- 世界最富有的兩百人中有三十五位猶太人。

寡頭統治者

蘇聯解體後，最讓人驚訝和困惑的現象之一便是，經濟和政治領域出現了許多新的玩家，而這些人大部分都是前所未聞。他們正是靠著蘇聯的經濟崩潰累積出巨量財富，在一夜之間成為政治巨人，發揮著巨大影響力。這些人慢慢被稱為「寡頭統治者」（Oligarch），而只要匆匆一瞥他們的名字——阿布拉莫維奇（Roman Abramovich）、弗里德曼（Mikhail Fridman）、霍多爾科夫斯（Mikhail Khodorkovsky）、杭達（Viseslav Counter）、別列佐夫斯基（Boris Berezovsky）、斯摩稜斯基（Alexander Smolensky）——一件我們疑心已久的是便會獲得證實：他們許多都是猶太人。阿布拉莫維奇最引人矚目的大手筆是買下英格蘭球會「切爾西」（Chelsea）。他同時是實力雄厚的「西伯利亞石油公司」（Sibneft）的最大股東。

就像美國猶太人一樣，這些俄國的猶裔「寡頭統治者」具有辨識商機的精準眼光，且毫不遲疑，馬上出手。

美國的猶太人

《猶太現象：一個民族維持財富的七招》（*The Jewish Phenomenon: Seven Keys to the Enduring Wealth of a People*）一書的作者席比格（Steven Silbiger）歸納出以下的發現：

- 猶太人僅佔美國總人口二％，但在美國前四十大富豪中佔了四五％。
- 美國有三分之一百萬富翁是猶太人。
- 年收入五萬美元以上的猶裔家庭的比例是非猶裔家庭的兩倍。
- 年收入少於二萬美元的猶裔家庭的比例相較於非猶裔家庭少五成。
- 美國一流大學的教授當中有兩成是猶太人。
- 在紐約和華盛頓一流法律事務所工作的律師有四成是猶太人。
- 美國的諾貝爾獎得主有四分之一是猶太人。

席比格寫道：「史匹柏、埃斯納（Einser）、戴爾（Dell）、辛菲爾德（Seinfeld）這些人的事業都空前成功，而他們全是……猶太人。為什麼猶太人在美國的總人口中少得可憐，卻可以爬到商業界和專業界的頂峰？」

席比格把答案歸結為七個關鍵命題，我們在後面各章會加以闡述。現在且讓我們先看看席比格列舉的一些數字。

※

猶太人是美國最富有的族群。此一發現是從一個詳盡的研究得來，發出的問卷高達三萬五千份。接受調查的猶太人中，有四六％表示他們的年收入高於十萬美元。猶太人也是教育程度最高的一群：三分之一接受調查的猶太人擁有大學以上的學位。

美國會成為當世最大的科學和技術中心，猶太人具有決定性功勞。

※

曼哈頓著名的商業中心華爾街有近一百年時間是反猶太主義者的溫床——這些人對猶太人在股票市場的成功大惑不解且充滿嫉妒心理。

「華爾街猶太人」變成了國際猶太財富網絡的同義詞。華爾街的市場讓一些當代最具投資眼光的猶太人得以崛起，而他們至少有一位利用這種才華成就了自己的政治雄心，成了紐約市市長。他就是彭博（Michael Bloomberg）。

另外兩個人——馬多夫（Bernard Madoff）和斯皮策（Eliot Spitzer）——則在捲入醜聞之後受到報章大加責難。

當馬多夫挪用投資者數十億美元的事件曝光後，他變成了全世界最受千夫所指的人。此前，他一直是華爾街的無冕皇帝：他透過私人投資累積了巨量財富，甚至被任命為「納斯達克」的主席。

前紐約州州長斯皮策同樣是華爾街的聞人，但他的成名方法與馬多夫稍有不同：他讓那些想在股票市場鑽漏洞的人知所恐懼。擔任紐約州檢察官和州長期間，他對那些涉嫌作弊的投資人施以毫不留情的打擊。不過，他自己後來做了不光采的事，被發現是採取雙重標準的人。

有些人估計，在華爾街從事股票經紀的人當中，猶太人約佔半數。但近年來，隨著新玩家的加入（主要是來自印度的移民），這個數字顯著下降。

※

J&R 和 B&H 是曼哈頓最大和生意最興隆的兩家電子用品店，而它們的老闆都是猶太人。B&H 的東主是哈西德派（Chassidic）猶太人，他每逢安息日就會公休，也不在乎競爭對手照常營業。客人上門都會被奉以「椒鹽卷餅」之類的小吃。這些小吃由飲食店「活水」（Mayim Chaim）供應：那是一家正統派猶太人經營的外賣店，其販售的汽水帶有可口可樂風味，但嚴格按照猶太飲食規定製作。

J&R 和 B&H 各採取了原創性的行銷方法：J&R 把廣告印在雨傘上（紐約一年到頭都用得著雨傘），而 B&H 則與曼哈頓最熱門的觀光景點達成協議，把自己的店名印在它們的入場券上。

※

美國猶裔學生萊曼（Jack Lehman）曾受維也納的「猶太靈魂認同學院」委託，研究何以猶太人在美國各行各業都那麼成功。他的研究結果顯示，特別是從二次大戰以降，猶太人對美國國內政治一直具有決定性影響力。特別讓人動容的是，自二次大戰之後，猶太人緩慢但穩步地克服了某些領域（特別是政界和高等教育界）對猶太人的排擠政策，以致今日有許多政界和學界的關鍵職位都是由猶太人擔任。

例如，數學家費曼雖然是國際公認的天才，但仍然需要有力人士的推薦，才在一九三九年進得了普林斯頓大學任教。正如尼曼（Yuval Ne'eman）教授在一篇談費曼的文章中指出，為費曼寫推薦信的人特別強調，費曼「一點也不像其他猶太人」。這是因為，當時美國的一流大學都有排擠猶太人的作風。據尼曼指出，愛因斯坦同樣需要有力人士推薦，才當得上蘇黎世大學的教授。

然而，時至今日，美國一流大學最資深的職位都是由猶太人領銜。這些大學學生會的成員有大約兩成是猶太人。這顯示出，猶太學生不管在人數還是社會地位上都有了顯著提高。

在政界，傳統上猶太人都爬不上州長或國會議員的位置，但今天，猶裔的州長或國會議員比比皆是。他們其中一位——參議員李伯曼（Joe Lieberman）——是那麼有影響力，甚至被高爾（Al Gore）找來擔當角逐總統寶座的搭檔。

要不是美國最高法院在二〇〇〇年那場著名法律爭議中判決小布希勝選，高爾和李伯曼便已如願以償。在對上一次總統大選，李伯曼的動向同樣引起媒體極大注目。

就像萊曼在他的研究裡指出的，李伯曼一類猶太政治人物會被相中為副總統候選人，不是因為他們有能力吸引猶太選票，而是因為他們表現的能力讓他們獲得廣泛支持。

（值得一提，萊曼本身就是美國成功猶太人的例子。他在十八歲那年當選美國最聰慧的三名中學生之一，獲得歐盟提供全額獎學金，前往歐洲留學。才二十一歲，他便開始攻讀博士學位。上述研究是他在二十歲的時候從事，當時他是「猶太靈魂認同學院」的學生。）

以色列國：一則不可思議的成功故事

微軟公司創辦人蓋茲在一個大會上說過：

> 以色列的新興科技公司和矽谷多有相似之處，但它們卻擁有一些矽谷所無的專家……這些人的經驗有一大部分是在軍隊服役期間學來。以色列大學的科學與技術課程也有非常高的水平……這國家的技術整合度之高有目共睹。在這裡，高速網路、筆

記型電腦和手機的使用率都非常高，讓以色列成為了世界科技的最前沿。

哪怕大部分以色列人並不富有，但以色列國就任何標準來說都是一則不爭的成功故事。它立國迄今不到六十年，又被許多有敵意的國家環繞，卻能急速起飛，乃至吸引來自四面八方的非法移民偷渡入境。

這個國家年輕而四面是敵，但成就卻一長串，讓人瞠目。建國不到幾年，它的軍隊便躋身世界最精良軍隊之列。其國防部隊與情報部門廣受讚譽。以色列會輸出一些新興公司和大規模的貿易。它的科技研發遠遠超出許多先進國家。這國家以擁有第一流的醫院自豪，而其高科技公司生產的電腦晶片運銷全世界。就連以色列體育界的菁英也在國際競賽的場合受到高度推崇（順道一說，國際足球總會的主席正是猶太人）。

對一個只有幾十年歷史的國家來說，這樣的成就可說相當不賴。

※

一段在 YouTube 找得到的短片《杯葛以色列前請三思》（*Before You Boycott Israel*）詳述了以色列有哪些享譽國際的商業成就。在重要藥物、農業技術、防病毒軟體甚至行動電話這些領域，以色列都有自己獨特的建樹，為世界帶來重大裨益。

※

以色列電視影集《安居下來》（*Mesudarim*）講述四個以色列年輕人如何創立一家成功的新興科技公司，後來把它賣給一家美國電腦遊戲公司，賺進大筆財富。

這故事本身雖是虛構，但卻有著事實基礎。因為有為數不少的以色列人正是靠著有好點子（一般是高科技方面的好點子）而發展出一種全世界需要的科技產品，因而發了大財。最著名的例子是「神奇」公司（Mirabilis），它開發的即時通訊軟體 ICQ（「我找你」）一經推出便橫掃天下。這個程式的嶄新之處在於它的全球通達性：任兩個電腦使用者（怕分處天南地北）只要知道對方的「用戶名稱」，都可以即時在網上通訊。

這軟體是免費下載，不到一年，它的使用率便蔚為壯觀，引起其他公司爭相效尤（如「微軟」公司的 Messenger）。後來，美國通信業巨擘「美國線上」（AOL）以四億零七百萬美元把這個以色列軟體給收購過來：這是筆天文數字，「美國線上」的高層若不是看準即時通訊的領域商機無限（後來也證明事實如此），絕不會如此大手筆。

今天，每日有數以百萬計的用戶使用 ICQ 應用軟體的其中一種，但卻少有人知道，自己正在利用的是以色列人研發出來的科技。

無疑，作為網上即時通信軟體，ICQ 的龍頭寶座業已被 Messenger、Yahoo Messenger、AIM 和 Skype 等取代，但其先驅地位仍無可動搖。

※

當一個用戶收到美國電信公司「斯普林特」（Sprint）的月結單，他看見的列印輸出單乃以色列人所研發。以色列公司「歐援」（Amdocs）是算帳軟體的發展商，也是世界最大的同類型公司之一。它的高層在以色列發出指令，但總部和其他辦公室設於美國。幾乎所有美國電信業者都是採用「歐援」的服務。

另一家著名的軟體供應商是「康維斯」公司（Comverse），前陣子，其總裁因為涉及內線交易，為怕被引渡到美國受審而逃到納米比亞。撇開這個不說，「康維斯」乃是一家高度成功的公司，起初是生產數位錄音帶。

「康維斯」開發出的科技讓它可以在好些手機服務領域分一杯羹，最大宗的業務是答錄機服務和簡訊服務。隨著手機通訊的不斷發展，「康維斯」看出利用無線頻率廣播娛樂節目潛力無窮，大力向這方向發展，希望能支援這種服務。

※

大部分撥電話到客服中心的人都聽過這段錄音：「為了訓練員工和作為我們的品質保證計畫的一部分，閣下的來電也許會被錄音或監聽。」但他們大概有所不知，讓這種錄音或監聽成為可能的技術，完全是在以色列研發出來。

另外，不管在硬體還是軟體方面，全世界有四分之一的電話錄音裝置是以色列的產品。

另一個以以色列為發展中心的熱門科技是行動記憶體的領域，特別是記憶卡和隨身碟。「新帝」（SanDisk）是世界最大的行動記憶體公司，而它的很多產品都是從位於以色列的實驗室研發出來。

全世界有一萬七千間圖書館（分布在七十多個國家）是使用以色列科技來進行圖書管理。英國的圖書館更一律是使用以色列科技。考慮到英國學術界對以色列的杯葛，這現象不無諷刺性。

※

一個事業特別成功的以色列人是莫蘭（Dov Moran），他研究出一種全世界最多人使用的產品：隨身碟。世界上每十秒鐘就有人購買一枚隨身碟。每天都有數以百萬計的人用這種小小工具把檔案轉存到辦公室或學校的電腦，卻完全不知道他們使用的科技是色列產品。

莫蘭研發的這種巧妙簡單產品如今已完全取代軟碟的地位（軟碟使用的 M-system 規格也是莫蘭建立）。因為知道這種小產品多有賺頭，「新帝」後來以超過十億美元買下莫蘭的公司。

近年，莫蘭又研發出 Modu：那是一種微型而創新的手機裝置，可以作為很多行動裝置的手機核心。雖然體積小而輕盈，但 Modu 本身也可作為手機使用。

※

《塔木德》的〈中門卷〉（Beva Metzia）有一個故事：有人租來一頭母牛，然後又把牛借回給牛主，後來牛死了，牛主得賠償租牛者好幾頭牛的價錢。換言之，租牛者從那頭不屬於他的母牛撈到大把好處。

傑出科學家夏比洛（Udi Shapiro）教授顯然有著一樣神乎其技的賺錢天賦。一九九〇年代，夏比洛創立「優比科」公司（Yubico），開發出那種日後成為「聊天室」和即時通信軟體基礎的虛擬站點。他後來把「優比科」賣給了「美國線上」，但後者卻把「優比科」的大部分技術擱著未用。

兩年後，夏比洛以原先賣出低得多的價錢買回「優比科」，不到一年又把公司以比買入高許多的價錢賣出——這一次的買主是電腦巨人 IBM。到頭來，夏比洛的名字繼續和他研發出來的高科技相連，又在把「優比科」幾番轉手的過程中得到可觀獲利。

※

「梯瓦」（Teva）的成功故事把「以色列頭腦」和天文數字商業利潤結合在一起。這家藥廠大概是最為世人所知的以色列公司，二〇一〇年的市值約六百億美元。「梯瓦」是世界最大的「學名藥」生產商，也是最大的抗生素生產商之一。它同時是美國和歐洲的**最大**藥物供應商。

※

以色列國的最重大成就大概是生存下來。雖然面對的環境極其險惡，但以色列還是克服萬難，不只可以生存下去，還繁榮茁壯。沒有其他民族可以在事隔兩千年後恢復故土。哪怕以色列目前的處境遠遠談不上是理想，但它毫無疑問一則成功的故事。

以色列的另一成就是讓希伯來語得到復興。哪怕只是一百年前，如何有誰膽敢預言希伯來語會有一天重被使用於日常生活，一定會被指為癡人說夢。這種取笑不是沒有理由的：例如，你能夠想像今日義大利街頭還有人說古代的拉丁語嗎？

政治界的猶太人

從記不得多久以前起，便開始有猶太人擔任大臣、國王使節和高級閣員職位。

《聖經》裡的約瑟在埃及朝廷位居一人之下、萬人之上。在古波斯國，末底改是亞哈齊魯王（King Achashveirosh）的宰相，他的姪女以斯帖後來當上王后。哈納濟德（Shmuel Hanagid）、阿巴爾巴內（Don Yitzchak Abarbanel）、韋爾特海梅爾（Rabbi Samson Wertheimer）、蒙特斐奧雷爵士（Sir Moses Montefiore）、迪斯累里（Benjamin Disraeli）——所有這些歷史知名人物都是猶太人，各在自己的時代叱吒風雲。

在古代，幾乎每個親王、統治者或獨裁者都有自己的猶太親信（稱為「御前猶太人」〔court Jew〕），負責與轄下的猶太子民溝通。這些「御前猶太人」常常還會扮演非正式國策顧問、非正式財政大臣或非正式特使的角色。

今天，猶太人繼續在很多國家（特別是歐洲和北美國家）的政府擔任吃重角色。本書寫作期間，荷蘭正要舉行首相選舉，最熱門的候選人正是猶太人。英國猶太人對政治的參與特別顯著。事實上，唯一比英國還要多猶太人從政的國家只有以色列（這資料是來自反猶太主義的出版品）。

近一個世紀以前，英國猶裔政治家薩繆爾（Hebert Samuel）被任命為大英帝國的巴勒斯坦最高公署長官。今天，不少於六十個猶太人是英國國會成員：二十位是上議院議員，四十位是下議院議員。

在其他國家，猶太人一樣位居要津。二次大戰後曾有兩位德國首相具有部分猶太血統：一是科爾（Helmut Kohl），一是舒密特（Helmut Schmidt）。前波蘭總統克瓦希涅夫斯基（Alexander Kwasniewski）是猶太人。法國國會有十八位議員是猶太人。巴西、加拿大和匈牙利各有十位以上的政府成員是猶太人。

在俄國和其他前蘇聯集團國家，哪怕猶太人在總人口中只佔極少數，但還是有些猶太人據有要職。喬治亞國會每五個議員中便有四個是猶太人。烏克蘭國會有十八位猶太人，俄國國會有十三位。

伊斯蘭國家現在很難找到猶裔的政府代表，但這種事過去卻很常見。伊拉克國會有五位猶裔議員，其中一位是同時擔任財政部長的埃斯克爾（Sasson Eskell）。摩洛哥的前健康部長本薩根（Leon Benzaken）和前旅遊部長巴杜高（Shlomo Bardugo）皆是猶太人。即使是今日，摩洛哥政府還有若干高級顧問是猶太人，如阿祖利（Andre Azoulay）和阿斯拉夫（Robert Asraf）便是其中兩位。猶裔女子瑪佳・卡崗（Maguy Kakon）幾年前甚至大膽角逐摩洛哥的國會席位。

※

猶太人特別具有當外交部長和大使的長才。美國迄今共有六十個猶太人擔任過不同的外交職位，其中二十人是出任駐他國的大使。英國外交大臣斯特勞（Jack Straw）和德國外交部長費雪（Yoshka Fisher）都是猶太人。

根據 ICJP（猶裔國會議員國際會議）的官方資料顯示，不把以色列國會算在內，在世界各國擔任國會議員的猶太人一共是二百五十名，而這數目還在穩定成長中。

※

美國的政治舞台最是能讓才智過人的猶太人發光、發熱。

一九七三年，季辛吉被任命為美國國務卿，是為第一位出任此職的猶太人。兩位同時叫摩根索（Henry Morgenthau）的猶太人都是資深的美國政治家（兩人同時也是事業成功的商人）。

今天，美國國會有七％議員是猶太人。全體參議員中有一成是猶太人。歷來有四位紐約市市長是猶太人，即佔了三分之一的數目。讓人驚訝的是，這四位市長全都表現傑出，各在位許多年。

目前共有約有三十位猶太人在美國聯邦政府擔任政治發言人或安全顧問之類的要職。美國太空總署前署長戈爾丁（Daniel Goldin）和中情局前局長多伊奇（John Deutsch）都是猶太人。

※

以任何標準衡量，著名猶裔政治人物郭德華（Ed Koch）都是美國政壇最多姿多采的人物之一。

在其漫長的事業生涯中，郭德華當過律師、電視節目主持人、國會議員、驚悚小說作者和紐約市市長。他被認為是紐約自建城以來最優秀的市長之一，在任期間把龐大的赤字預算削減了數百萬美元，也是首位連任三屆的紐約市長。除了是個政治家，郭德華也是自豪的猶太人，多年前便預先為自己寫好墓誌銘：

> 郭德華，紐約市市長（1978-1989）。他以自己的猶太信仰熱烈自豪。他熱烈捍衛紐約市，也熱愛紐約市的市民。

墓碑上還引用了記者珀爾（Daniel Pearl）的最後話語：「家父是猶太人，家母是猶太人，我是猶太人。」又指出珀爾這話是被「一個伊斯蘭教恐怖份子砍頭的前一刻說出」。

現任紐約市長彭博也是個事業成功的猶太人，從政前靠著私人投資發了大財。他一次又一次贏得市民大眾的信賴，兩次競選連任成功，迄今已是第三任期。

比佛利山市長德爾沙德（Jimmy Delshad）是有著波斯血統的猶太人。比佛利山是洛杉磯的高級郊區住宅區，住著許多世界級名人，這一區也是許多猶太人的家。

※

並不是每個以色列人都喜歡現任美國總統歐巴馬，但一瞥其政府的要員名單會讓我們吃一驚：歐巴馬身邊的猶太人比歷來任何美國總統都要多，其中兩位是伊曼紐爾（Rahn Emanuel）和艾克塞羅德（David Axelrod）。

歐巴馬一就職便任命伊曼紐爾為白宮團隊的頭頭。伊曼紐爾後來辭職，目前是芝加哥市長，但他從前是白宮幕僚長，被認為是總統最親信的人。

艾克塞羅是白宮資深顧問，也是一家線上顧問公司的老闆。他也被認為是歐巴馬的親信之一。除上述兩人外，在歐巴馬政府裡擔任要職的猶太人還有：瑪拉．拉德曼（Mara Rudman），她是柯林頓政府時代的國安會成員，如今是國安會祕書；夏比洛（Daniel Shapiro），他是國安會成員；羅斯（Dennis Ross），他是國安會特別顧問和總統的中東特使。

※

猶太人也是美國政治獻金的最大金主。一份名單顯示，在對上一次選舉，前一百大政治獻金捐贈者中，有四十二人（即近一半）是猶太人。在前五大捐贈者中，四位是猶太人。

有鑑於這些數據，我們不禁好奇，何以迄今還沒有猶太人嘗試競逐美國總統的大位。理由大概是，美國猶太人寧願在幕後發揮影響力，而不願站在台前參加競選。反猶太主義曾在美國瀰漫多年，猶太人已經從中學到教訓，知道應該避免站在太顯眼的位置，以免成為眾矢之的。

猶太高科技

前文已經提過祖克柏的影響力，但他只是高科技領域中讓人望而生敬的巨大猶太身影之一。

在惡名昭彰的高科技泡沫破滅之後許久，網路和電腦領域仍然是我們時代獲利最豐厚的行業。箇中理由很簡單：每個有電腦的人都需要一個方法連結到網路。

正因為這是個相對新興的領域，猶太人能夠如此迅速在高科技市場打下一片江山更是讓人刮目相看。拜他們的才智彈性和適應能力所賜，猶太人總是可以馬上插足前景大好的新興領域，並獲得空前未有的成功。

全世界的人大概都因為電腦領域的快速發展而欠猶太人一個人情。這些猶太人的名字一長串，有些是數學家、投資家和程式設計師，有些是商人和企業家。正是他們把電腦科技提升到現在的地步。「谷歌」、YouTube、「雅虎」、「亞馬遜」、「臉書」和「推特」等等都是名字響噹噹的網路公司，而在所有這些公司裡，猶太人都扮演著舉足輕重角色。「微軟」的執行長巴爾默（Steve Ballmer）便是猶太人。

「谷歌」

方一九九七年之時，網際網路還處於草創階段。如果你想去某一個網站，必須輸入它的完整網址或是從另一個網站提供的「連結」點入。當時固然已經有若干入口網站存在，但它們總是要求你輸入出現在網站最不起眼地方的一大堆奇怪字符。

然後，出現了「谷歌」。

它起初是個簡樸不裝腔作勢的網頁，只包含最起碼的文字圖片，但不數年之間，它便成了一個帝國，包辦了超過七成的網路搜尋業務，近乎是壟斷事業。

今天，「谷歌」已是世界獲利最豐厚的生意——對它的兩位創辦人佩吉（Larry Page）和布林（Sergey Brin）來說是如此，對在「谷歌」的大型辦公室工作的數千名僱員來說是如此，對數以萬計間接使用他們服務的人來說也是如此。

在如此規模龐大的事業，我們自然預期它的要員裡（例如高階程式設計師或研發團隊的主管）一定包含猶太人。但在「谷歌」的個案，事情更簡單，因為它的兩位創辦人（兩人的財富加起來大約是四百億美元）都是猶太人。

光是這一點便足以惹惱反猶太份子，更何況「谷歌」還掌握了巨量的個人資訊：透過它的電子郵件服務和搜尋引擎服務，它可以知道知道世人每天每秒最感興趣的事情是什麼。它擁有世界上大部分的商業資訊，甚至擁有外交與政治資訊。只要分析全世界電腦使用者最常去哪些網站，你就可以快速掌握各個領域的趨勢。

值得一提的是，「谷歌」高層並不干涉「猶太人」一詞的搜尋結果。起初，輸入這個關鍵字之後，出現在搜尋結果最前頭的總是一個公然宣揚反猶太主義的網站，而這引起許多人不安。但此事並沒有持續多久，因為「維基百科」的「猶太人」條目很快便爬升到搜尋結果的第一位（但前述的反猶太主義網站仍盤據在前五名之內）。順道一說，我們會得知這件軼事，當然也是透過使用「谷歌」搜尋。

傳播與媒體

只要注意看你接觸到的新聞和媒體，就會發現你老是看見猶太人的名字，也老是看見與猶太人或猶太教有關的報導。

在其中一期《時代雜誌》（美國最暢銷的雜誌），有兩篇主要文章都是與猶太物事有關。一是關於教宗造訪以色列的報導。教宗那次出訪去了許多國家，但《時代雜誌》偏偏只報導他在以色列的行程。另一篇文章是深入分析當時剛上任的以色列總理納坦雅胡（Binyamin Netanyahu）的個性。

在另一本暢銷雜誌《美國科學人》裡，有一篇主要文章是談愛因斯坦的相對論，其作者莉芙卡・葛欽（Rivka Galchen）也是猶太人。另一篇文章是分析馬多夫事件後的猶太社會學。

值得指出的是，國際新聞通訊社「路透社」（我們讀到的許多外國新聞都是由它提供）乃是一百多年前由一位名叫路透（Julius Reuter）的猶太人所創辦。

※

美國電視頻道「E頻道」所做的一項調查可以顯示出猶太人在美國傳播界佔有的幅度和重要性。它指出，許多美國新聞媒體的老闆光看名字——祖克曼（Zuckerman）、夏比洛（Shapiro）、米勒（Miller）等——便知道是猶太人。ABC、CBS、NBC、「美國線上」、「福斯新聞」、「夢工廠」和甚至「迪士尼」的老闆全都是猶太人。

世界最大的電影和電視娛樂製作公司「華納兄弟」是由四個猶太兄弟創辦。派拉蒙公司（世界最大和最老牌的電影公司之一）的創辦人全是猶太人。「米高梅」（它製作的每部影片一開始都會出現一隻搖頭咆哮的獅子）是由好幾間公司合併而成，它們的創辦人全是猶太人。

特別讓人感興趣的例子是媒體鉅子梅鐸（Rupert Murdoch），他近年來因為力拚網路巨人「谷歌」和一系列的收購行動而廣受矚目。梅鐸的父親是澳洲記者基思．梅鐸（Keith Murdoch）。從父親那裡繼承一家報社之後，梅鐸把它拓展為一個媒體王國。

今天，梅鐸在英國擁有《太陽報》和發行量巨大的《泰晤士報》，在美國擁有《紐約郵報》、「福斯電視網」和「二十世紀福斯電影公司」。這讓他成為世界最有錢的人之一，坐擁一百億美元的資產。

多年來一再有謠言指稱梅鐸是猶太人。基於他自己的考量，梅鐸總是出面否定。在二〇〇九年，梅鐸發表了一篇熱烈支持以色列的演說，又在結尾處提到那些有關他是猶太的謠傳。

> 多年以來，我一些最荒謬的批評者都認定我是猶太人。與此同時，我一些最親密的朋友則希望我真的是猶太人。所以，今晚我要把話說得明明白白。我住在紐約。我有一個熱愛中國菜的太太。而我信任的人告訴我，**chutzpah**⑧一詞不啻是我發明的。
>
> 引自《全球雜誌》（*Globes*），二〇〇九年三月號

但反猶太主義網站「猶太」揭露了真相：根據猶太律法，梅鐸是個猶太人，因為他媽媽是

猶太人。不只這樣，他爸爸還是靠著太太家族的幫助爬到高位。這樁宗婚姻讓他從普通記者一躍而為報社社長，而財富帶給了他一個爵士頭銜。

不管如何，梅鐸雖然否認自己的猶太人身分，但仍然大聲力挺以色列國。

※

擔任主編、製作人和節目主持人的猶太人多得數不完。

賴瑞・金（Larry King）、斯達恩（Howard Stern）、斯普林格（Jerry Springer）這幾位電視圈的名人都是猶太人。賴瑞・金是美國最資深的節目主持人之一，名字在全世界都響噹噹。斯達恩以擅長說意第緒語妙語著稱（但他老稱那些妙語出自義大利語）。

斯普林格八成是美國最受歡迎的喜劇演員，而他和演員亞歷山大（Jason Alexander）都是猶太人。⑨

資深訪談節目主持人芭芭拉・沃爾特斯（Barbara Walters）是猶太人。《紐約時報》大受歡迎的專欄作家佛里曼（Thomas Friedman）也是猶太人。《紐約時報》的創辦人奧克斯（Adolph Ochs）是從德國移民美國的猶太人——《紐時》的經營權如今繼續由他的後人掌握。

---

⑧這是個源自希伯來文的單字，包含著「有膽量、厚臉皮、放肆無禮、有魄力」等幾重意思。

⑨作者把兩人相提並論，是因為他們曾合演大受歡迎的喜劇電視影集《歡樂單身派對》（*Seinfeld*）。

美國最受歡迎的外星人

在史匹柏一九八二年製作的電影《E.T. 外星人》裡，德州男孩湯馬斯（Henry Thomas）扮演主角艾里奧特（Elliot）。電影中的艾里奧特住在加州郊區，有一天無意中結識了一外星人（兩人看來年紀差不多），後來想盡辦法幫助這個外星朋友逃脫聯邦探員的追捕。

這電影大膽創新，常常會讓觀眾嚇一跳，史匹柏可說是把電影製作的各方面都推進至全新階段。電影中幾個主角的年紀都很小，但史匹柏卻有本領讓他們深深融入角色之中，讓劇情極有說服力。他的方法之一是完全按照劇情發展的順序拍攝，讓幾個主角感覺事情像是正在發生。這拉長了電影的拍攝時間，也推高了成本，但此舉後來證明物超所值：《E.T. 外星人》在世界各地的票房都是滿堂紅。艾里奧特騎單車載著外星朋友飛過森林那一幕（背景是一輪滿月）被《帝國》雜誌形容為「電影中最魔幻的時刻」。時至今日，《E.T. 外星人》仍然被認為是歷來最受喜愛的科幻電影。

史匹柏在事隔二十年後的二〇〇二年為《E.T. 外星人》拍了一個新版本。這一次他又表現出十足的創意，其中之一是透過細緻剪接更改了電影中的某些元素。例如，原來版本中的聯邦探員是拿著來福槍，但新版本卻改為拿著無線電話。

※

另一則成功故事體現在瑪提斯亞胡・米勒（Matisyahu Miller）身上。他是正統派猶太人，蓄著虯髯。二〇〇四年與「新力」公司簽署的一紙合約讓他成了世界最知名和最成功的雷鬼歌星。他的歌曲《耶路撒冷》在 iTunes 的下載排行榜停留了很長時間，而他另一首歌《一天》被二〇一〇年的溫哥華冬季奧運選為主題曲。

總結

雖然本章一開始是談猶太人在商界的成功，但隨著材料的展開，我們看到猶太人在現代世界的幾乎每一個事業領域（音樂、藝術、傳播界、工業、喜劇、政治、醫藥、工程、法律和程式設計）都表現得非常成功。在任何深具成長潛力的新領域，你都會發現有猶太人正在領導前驅和從事創新。

看來，這是因為猶太人長於辨識新的機會和加以利用，從不以既有的成就為滿足。他們有志於比別人得到更大成就，所以從一開始就選擇一些看來潛力無窮的新興事業。「猶太生意眼」的一大特徵常常是比別人看得更遠，看到別人目力所不及之處。當一個猶太人遷入一個新社區，他不會以到那些既有的食品雜貨店購物為滿足，而是會設法開一家新的食品雜貨店，把未開發的潛在利潤納入囊中。

※

如果猶太人的成功只表現在某些領域（比方說數學），那我們就可主張猶太文化特別重視那些領域。

然而，猶太人的成功卻表現在所有可能的領域。這無可避免會讓人得出一個推論：猶太文化裡包含著某些成分，而這些成分鼓勵猶太人追求成功本身。

這事實也有力反駁了反猶太主義者一個老是掛在嘴邊的主張：猶太人是透過狡詐和放高利貸獲得成功。上文已經顯示，猶太人的成功並不只表現在金融領域，而且我們實難明白，如果不是達到給獎的客觀標準，猶太人如何能夠靠詭詐贏得一座座諾貝爾獎。

出於相同理由，我們也很難看出愛因斯坦（或珀爾）的科學和普克朗（或麥斯威爾）的科學之間有何不同。沒錯，不管就任何標準衡量，愛因斯坦都是獨一無二的，但我們仍然難以看出他的猶太背景對他的科學研究有何影響。（值得一提的是，有些人確實認為，愛因斯坦的原創性和高遠想像力是一種濃濃的「猶太」特色。同樣情形也見於數學家費曼。但其他猶太科學家卻很難這樣說。）

Chapter 6

領袖

Leaders

猶太人對人類的影響

科學與研究

《時代》雜誌一九九九年專號的封面，標題是「二十世紀最偉大一百顆心靈」。封面其中兩個人物一眼便可以看出是猶太人：愛因斯坦和弗洛依德。

※

除了擁有極罕見的科學天分，愛因斯坦還是一位深刻思想家，其哲學對同時代乃至於後來的科學思想有著極大影響，再怎麼強調也不為過。愛因斯坦抱持著一個倔強信念：科學必須保持理性和追求簡約。

他證明了人有可能透過一個原創的觀念去精確理解自然法則，從而帶來巨大的突破。愛因斯坦對現代科學思想具有巨大影響力殆無疑義。另外，他也影響了一般平常人的思考方式。我們會寧願接受「專業」醫師治病而不是求助於某種另類療法，正表示我們已經愈來愈習慣科學方法，而這正是上一世紀的高超科學成就所導致。

雖然愛因斯坦始終無法構想出一個可以包羅全宇宙的數學公式（即所謂的「大一統」理

論），但他的這種努力仍然受到任何有常識的人所欣賞。這也是何以有許多人認為他的思考方式值得我們效法。

所以，愛因斯坦被《時代》雜誌選為「世紀人物」乃是實至名歸。要知道，把他票選出來的並不是一小撮的學者專家，而是各行各業的大量讀者：他們認為他的思考方式與他們的生活息息相關。

※

與愛因斯坦截然不同，弗洛依德打一開始就秉持一個與基本直覺相違背和充滿爭議性的觀念進行研究。

今天，很多精神分析學的術語已經成為老生常談，然而，在弗洛依德當初引入它們之際，它們卻讓人覺得牽強，甚至荒謬。要不是弗洛依德大名鼎鼎而他的同事又對他的作品認真看待，世人恐怕需要更多年才承認人類心靈具有弗洛依德闡述的那些古怪特性。

他對我們的生活影響到何種程度是難以估計的。「弗洛依德式口誤」、「情結」、「潛意識」、「本我」、「自我」——這些概念全成了我們日常語言的一部分。

除此以外，弗洛依德還決定性地影響了我們的思考和行為方式。人類的意識和行為總是受到潛意識驅力的滲透——弗洛依德的這個基本命題已成了人類世界觀的一部分。今日，我們對自己的理解完全不同於前人，因為我們已經知道，在自我觀照時，必須把弗洛依德揭櫫的許多情緒和驅力列入考量。

弗洛依德的學說引發一場激烈的公共爭論，而這爭論又迅速轉變為一場革命。如今，許多開明國家在立法時都會把心理因素列入考量。

哪怕弗洛依德的學說後來不斷受到拆解，乃至許多都遭到現代心理學的推翻，我們仍然有理由主張他的見地深具突破性，為後來的研究打下基礎。很大程度上，弗洛依德本人為那些後來反駁他的人鋪平了道路。

以色列物理學家暨哲學家艾里祖爾（Avshalom Elitzur）寫過一篇包羅詳盡的文章，題為〈靈魂的解放者：精神分析運動中的猶太人和猶太教〉（Liberators of the Soul: Jews and Judaism in the Psychoanalytic Movement）。不讓人意外地，這篇文章賦予了弗洛依德一個可觀角色：

想要了解精神分析學的發展，必須了解弗洛依德的猶太教和他怎樣看待猶太教。弗洛依德在其自傳中寫道：「我是五月六日生於摩拉維亞（Moravia）的弗萊堡（Freiberg）——一個位於今日捷克境內的小鎮。我的雙親是猶太人。我也始終是猶太人。」

在其〈對精神分析學的各種反對意見〉（Objections to Psychoanalysis）一文中，他又如此作結：「最後，作者雖然努力抑制，仍忍不住有此一問：世人之所以厭惡精神分析學，難道不是因為它的創立者是個猶太人，而且從不隱瞞自己的身分嗎？這種疑問只有在極少的場合才會被人說出來，但對我們來說不幸的是，我們已是變得那麼疑心重重，以致不能不懷疑上述的疑問確有事實根據。精神分析學第一個代表人物會是個猶太人，大概不是出於偶然。因為為了說出他對精神分析學的信念，他必須有極大意願去面對受到反對和陷於孤單的宿命——對這種宿命，猶太人比任何人都更有經驗。」

※

另兩位與弗洛依德同被尊為現代心理學之父的知名心理學家是法蘭克（Viktor Frankl）和阿德勒（Alfred Adler）——兩人都是猶太人，對心理學的發展貢獻厥偉（不只是理論性的貢獻，還包括臨床應用的貢獻）。

阿德勒與弗洛依德原是朋友，但後因對精神分析學的觀點出現根本分歧而分道揚鑣。法蘭克曾被關在納粹集中營多年，這經驗既加強了他在專業上的信念，也強化了他的猶太人身分認同。

除上述三人外，很多猶太人都曾參與那場把心理學從哲學末流改變為一門獨立科學的革命過程（這過程至今仍持續中）。

在學者哈格布魯姆（Steven J. Haggbloom）列舉的二十世紀最知名一百位心理學家中，猶太人佔了三十九位，其中包括著名研究者馬斯洛（Abraham Maslow）、理論家弗洛姆（Erich Fromm）和安妮．弗洛依德（Anna Freud）。前述最後一位是精神分析創立者弗洛依德的千金，她也繼承了父親的研究路數。

另外值得指出，美國的特韋爾斯基（Abraham Twerski）拉比是當代最著名的精神醫師之一。他任職賓夕法尼亞州精神醫院主任，寫過許多頗具影響力的勵志書。他為幫助個人心理成長而寫出的系列作品稱為《十二步驟》（*The 12 Steps*），書中方法都是以一些著名的猶太原理為基礎，對美國的心理治療實踐影響甚鉅。

※

在下文題為「一個聰明與有遠見的民族」的章節中，我們將會指出，猶太人之所以從古至今都對人類科學具有影響力，是因為非常多的猶太人站在科學的最前緣。最顯著的影響力是在觀念方面。稍微回顧社會觀念和倫理觀念從古至今的發展，我們便可看出，猶太人具有巨大影響力（又特別是在哲學方面）。從亞歷山卓的斐洛到法國的列維納斯，古今都有許多猶太人對人類社會採納的價值理想發揮過重大影響。

猶太人大有影響力的其他領域還包括數學、天文學和醫學。

在數學方面，猶太人因為能夠把邏輯和創造性結合在一起，所以屢有突破。出於同一種結合，從古代的猶太人以至今日的美國天文學家薩根（Carl Sagan）都不斷取得天文學上的突破——沒有這些猶太人的貢獻，我們實難想像現代天文學可以出現。

猶太醫生（特別是邁蒙尼德）對現代醫學的影響是無可估計的。尤其在東方國家，邁蒙尼德的醫學著作有幾百年時間都被奉為圭臬。

從哈羅芬（Asaf Harofeh）到小兒痲痹症疫苗的發明者沙克，歷世歷代都有傑出的猶太醫生嶄露頭角。犖犖大者包括了沙普魯特（Hasdai ibn Shaprut）、哈以色列（Isaac ben Solomon Ha-Yisraeli）、多諾羅（Shabtai Donolo）、司藩諾（Rabbi Ovadia Sforno）和哈夫金。他們全都是自己時代的名醫，除行醫外他們還教導了許多非猶太人醫術。

這些醫生能夠大獲成功，是因為他們不像其他同業那樣仰仗巫術和迷信，而是以經驗與理性為基礎。

在我們的時代，特別傑出的猶太醫生包括沙克和哈夫金——兩人都是疫苗的發現者和開發者。另外，科恩（Stanley Cohen）和麗塔．蒙塔爾奇尼（Rita Levi Montalcini）在癌症研究方面也有卓著貢獻（兩人在一九八六年共同獲得諾貝爾生理學獎）。

哲學

在劍橋大學發表紀念牛頓誕生三百週年的演講中，知名經濟學家凱因斯指出，邁蒙尼德的著作《解惑指引》（*Guild to the Perplexed*）對牛頓的科學思想具有決定性影響力。他的結論是，牛頓從猶太資源汲取的靈感要比一般人以為的多很多。凱恩斯最後甚至宣稱，牛頓不外乎是個

「邁蒙尼德派的猶太一神論者」。

邁蒙尼德的偉大的哲學著作《解惑指引》不只影響了牛頓，還影響過牛頓的最大對手：萊布尼茲（Gottfried Wilhelm Leibniz）。萊布尼茲曾在著作中引用邁蒙尼德之語，而他採取的哲學路徑很大程度上是承襲《解惑指引》。

我們知道，阿奎那（Thomas Aquinas）是天主教哲學的主要奠基者之一，而他的神學又是以亞里士多德的哲學為基礎。在這方面，他大大受惠於邁蒙尼德的著作，因為邁蒙尼德咸認是亞里士多德作品最權威的注釋者。

在更早時期，猶太哲學家斐洛曾設法綜合希臘和猶太哲學。他對下一代的宗教哲學有著無可比擬的影響。很多研究者主張，基督宗教的神學基礎就是由斐洛奠定。

文化與藝術

眾所周知，住在每個地方的猶太人都受其時代與文化環境影響。但值得指出的是，古代猶太藝術作品對很多地區（特別是歐洲）的藝術與雕塑都大有影響。

廣泛見於中東地區的古代壁畫乃是西方同類型作品的靈感來源。學者主張，許多早期基督宗教畫作包含的宗教基調乃是複製自更早期的猶太藝術作品。除此以外，猶太教聖經無疑是創造性藝術最常見的靈感來源。有超過一千年時間，《聖經》裡的故事曾激發起無數藝術家與雕塑家的想像力。

埃茲拉①的詩歌在他身處的時代被世人視為瑰寶，而比他晚一代的路查脫（Shmuel David Luzzato）則被認為是其時代最偉大的詩人。②

哈納濟德（Shmuel Hanagid）、猶大・提文（Yehuda Ibn Tivon）和撒母耳・提文（Shmuel Ibn Tivon）等作家和翻譯家在阿拉伯國家的神學家中間亦佔有顯著地位。知名作家卡夫卡也是猶太人——他被認為是近代最偉大的作家之一，對現代文學風格的影響力極為巨大。德意志大詩人海涅（Heinrich Heine）同樣是猶裔。

著名意第緒語作家辛格（Isacc Bashevis Singer）雖專寫歐洲猶太人的生活，但他的作品卻成了全世界的財產。

奧斯特（Paul Auster）和維瑟爾（Elie Wiesel）都是當代知名的美國猶裔作家。光是過去一個世紀，美國出過的猶裔文學巨人便包括了艾瑪・拉扎勒斯（Emma Lazarus）、羅斯（Philip Roth）、梅勒（Norman Mailer）、沙林傑（J. D. Salinger）和貝婁（Saul Bellow）。

與莎士比亞同時代的猶太劇作家索莫（Yehuda Sommo）生活於義大利的曼圖亞（Mantua），寫

---

① 上文提過那位「四處飄泊的窮詩人」。

② 路查脫生活在十九世紀的義大利。

過一篇知名文章，稱作〈舞台藝術對話錄〉（Dialogues on the Art of the Stage）。這篇詳盡的文章被認為是談戲劇藝術的先驅之作。索莫還寫過一齣以婚姻為題材的喜劇，稱為《婚禮喜劇》。據說，莎士比亞就是從此劇獲得靈感，寫出名劇《錯中錯》（*A comedy of Errors*）。

在〈舞台藝術對話錄〉中，索莫指稱，《聖經》中的〈約伯記〉（通篇以對話的形式寫成）乃是有歷史記載以來第一部戲劇性文本，後來的希臘戲劇就是以它為基礎。以色列作家暨劇作家阿爾馬戈（Dan Almagor）指出，從一個專業的角度觀察，索莫的文章和其他猶太作品是莎士比亞創作最重要的靈感來源之一。

特別需要指出，猶太人在中世紀晚期的社會地位非常卑微，唯擁有過人藝術才能者方可望突破藩籬，往上爬升。

然而，不管歷史上的猶太人在文化和藝術的成就再輝煌，仍然無法與上一世紀的猶太藝術家相比：他們的表現是那麼異采紛呈、目不暇給，幾乎無法盡述。

早在兩次世界大戰之間的歐洲，猶太人在繪畫、寫作、詩歌和戲劇等領域扮演重要角色。到了二次世界大戰前夕，在華沙和克拉科夫（Krakow）之類的城市，猶太藝術作品的產出量達至高峰，而猶裔的小提琴家、鋼琴家和歌星也經常在歐洲最大城市的音樂廳登台演出。

後來，隨著猶太人大舉移民美國，他們也迅速在娛樂界各領域出人頭地，成為知名的音樂家、作家或表演家。

雖然缺乏決定性的證據，但很多人懷疑，現代電影奠基者之的一查理．卓別林有著猶太血緣。

政治影響力

在大部分歷史時期，猶太人的直接政治影響力微乎其微，有時甚至完全闕如。然而，讓人驚訝的是，只要時機相宜，猶太人又常常會表現出左右政治大局的影響力。

要理解這種現象，我們首先必須知道，猶太人特別是以老實和忠誠著稱。許多猶太人都被國王引為顧問，成為國王身邊小圈子的成員。另外，猶太人一向被認為不具政治野心，所以統治者相信，猶太人沒理由會站到他們國內反對者的一邊，更遑論是通敵。

在無數個案裡，「御前猶太人」都是統治者唯一願意披露自己內心深處祕密的對象。有時，統治者會信任猶太人多於最親的親人，而這是因為皇親國戚謀反的事例屢見不鮮。

《聖經》裡有關以斯帖的記載是這方面最經典的例子：故事中，國王一度聽信讒言，起意要殺盡猶太人，但最後卻發現他們才是最忠誠的子民。後來的猶太歷史並不缺少類似事例。

距末底改與以斯帖的一千年之後，古代的波斯帝國發生了一些由猶太人扮演決定性角色的大革命。特別是在西元前七世紀至三世紀的薩珊王朝（Sassanid dynasty），猶太人對國家政策的影響力遠超過他們擁有的權位，成為人民的喉舌。國王也會根據「御前猶太人」的建議決定和戰。

英國的理查一世（他是第一次十字軍東征的領導人之一，稱為「獅心王」理查）便是以與其王國內的猶太人關係良好著稱。一些學者認為，一位猶太拉比對理查特別有影響力，是他的心腹親信之一。接下來的一千年裡，幾乎每個東方和歐洲的王廷都找得到位高權重的猶太人。他們之中很多人利用自己的影響力改善猶太同胞的處境，也有些人成了大有影響力的政治人物或國王心腹。

猶太人雖然人數不多，卻對兩大宗教革命起過重大作用：一是伊斯蘭教的創立，一是基督宗教的宗教改革運動。穆罕默德並沒有像強迫其他部族與民族那樣，強迫猶太人改信伊斯蘭教，這便是拜一些猶太人的大力周旋所賜。穆罕默德最親近的人中間有兩個是猶太人：一個是他的私人祕書，另一是他的其中一位妻子薩菲亞（Safiya）。

一件猶太事件間接導致了歐洲宗教改革運動的興起。一五〇四年，一個背教的猶太人費法康恩（Johannes Pheffercorn）在天主教多明我會領袖霍格施特拉滕（Jacob van Hoogstraaten）的支持下，說服馬克西米連皇帝（Emperor Maximilian）下令焚燬猶太典籍（特別是《塔木德》及其注釋）。不過，人文主義者羅伊希林（Johann Reuchlin）竭盡所能阻止敕令的實施，並取得成功。多明我會極為不滿，對羅伊希林作出強烈譴責。羅伊希林寫了一系列激烈反駁多明我會的文章予以回應。這場爭論開始時只是爭論天主教的權威和地位，最終卻成了宗教改革運動的催化劑。

宗教改革的旗手馬丁．路德起初利用猶太人問題做為反對天主教會的論據。他的許多議論都是以這問題為出發點。哪怕路德後來成了最惡劣的反猶太主義者，但他依舊以各種方式關注猶太人問題。

在法國大革命期間，猶太人無意間成了貴族與反對舊體制者的爭論焦點。在這之前，大部分法國猶太人都不碰政治，也沒有任何政治立場，但求安穩過日子，不意此時卻被捲入政治風暴。

歷史學家沙赫洛維奇（Zelig Schachnowitz）在《來自西方的光》（*Light from the West*）一書裡提到了猶太人的這種無奈處境。書中引用法國大革命期間一個法國貴族寫給德意志一名猶太拉比的信：

> 法蘭西正狂風大作……很多人在爭論猶太人的問題。有鑑於法國猶太人的數目寥寥無幾，對公共生活毫無影響力可言，所以他們怎麼會被放在爭執的核心殊為費解。法國有處理猶太事務的特殊法律，猶太人也被賦予好些權利。他們對此於願已足，沒想提出額外要求。
>
> 然而，違背他們本意地，現在他們成了爭論的焦點。他們像個球那樣在爭論的兩造之間被拋來拋去，而本來只想平靜待在一隅的他們成了人們義憤的基礎。
>
> 他們被想搞革命的群眾拿來當作口號。難道，這就是猶太人在所難逃的宿命嗎？

沙赫洛維奇沒有回答自己提出的問題。其實，同樣的問題曾在不同的歷史關鍵時刻反覆出現。只要哪裡出現內部對立，猶太人常常會發現自己被當成籌碼，不情不願地被拉去蹚渾水。

※

自納粹大屠殺結束後，猶太人與政治的複雜關係邁入新的一章。此後幾十年間，猶太人對政治的影響力空前高漲（世界大概沒有其他群體可以匹敵）。在後面談到猶太人成就的章節中，我們對猶太人在世界政治的影響力大到多麼難以置信，還會有更多著墨。

猶太人對社會過程的影響

文明作為一種猶太產品

綜觀歷史，猶太人對文化價值觀與倫理學的影響力一向巨大。例如，今天世界所有文化都接受的「周休一日」觀念正是源自猶太人的安息日。

但猶太文化的影響力並不僅止於此。

對世界來說，猶太民族的一個特別重要之處，是他們以自身做為榜樣，活出了《聖經》的簡單而強有力的倫理理想。他們是一些抽象觀念的活生生體現。少了這個活生生的榜樣，一切倫理觀念只會淪為烏托邦空談。

例如，基督宗教的正義觀（最著名體現在耶穌這話：「別人打你的左臉，你要把右臉也讓他打」）很快便淪為空談，在現實生活中無處可見。取代它的正義觀和自由觀則主要是奠基於古代的猶太原理、《聖經》中的正義理念和眾先知的倫理教誨。例如，美國的開國諸賢便是以「新猶太人」自居，想要實現古代猶太教的價值觀，把個人自由和正義帶給每一個人。

猶太人做為新趨勢的領前驅者

猶太人開創了猶太教，猶太人開創了基督宗教，猶太人開創了伊斯蘭教。世界兩大宗教的數十億信徒全都充分了解，他們自小浸淫其中的信仰和猶太教有著基本淵源（但猶太教繼續是個不流行的宗教，只靠為數不多的信徒傳承下去）。

自創建後，基督宗教和伊斯蘭教都在相對短的時間內獲得了世界範圍的成功。它們累積出讓人望而生畏的勢力和影響力，國王和統治者個人接受了它們的宗教原則，有時候還會強迫臣民接受。羅馬皇帝讓他們的首都充當梵蒂岡的家，而阿拉伯諸王則親吻穆罕默德的腳，又把自己國家的原有法律改換成伊斯蘭教法。

這種成功靠的是扭轉一種人人接受的既有原則：一個人的信仰是固定而不可改變的。兩個新宗教都證明了，一個革命性觀念是有可能在短時間內風靡群眾，甚至引起他們改教的。新宗教的推手認為，他們的成功足以從根本證明，他們的信仰要比其他宗教真實和優越。但這無可避免會引起一個疑問：兩個新宗教會那麼成功，是不是因為它們賣力行銷的一批觀念（包括唯一神的觀念）乃是從另一個宗教借來（或曰剽竊）卻沒有向主人道謝？而猶太教之所以較不成功，會不會是因為它的公關工作做得較差，並不熱中於傳教活動，而且從不用武力（像十字軍東征那樣）強迫別人接受？

研究宗教傳布的學者普遍接受這種看法，而讓人驚訝的是，首先提出此說的乃是距今約一千年前的一位著名猶太思想家和領袖：邁蒙尼德。

邁蒙尼德認為，基督宗教和伊斯蘭教都是帶領世人邁向信仰唯一造物主過程的必要環節。他說：「人性不會從一個極端剎那間轉換到另一個極端。」又指出人類是那麼原始，不可能讓他們一下子便接受猶太教那些開明的觀念和價值觀。基督宗教和伊斯蘭教則從猶太教那裡借來一些基本原則，再攙入一些受歡迎的主題和成分，讓人們更容易接受，因而大獲成功。它們的成色固然不純粹，但至少核心部分是正確的。

事實上，我們業已指出過，基督宗教與伊斯蘭教在精神上與猶太教極為接近，彼此分享許多相同理念。

但它們為什麼不否認這一點呢？有可能是因為它們與猶太教的淵源如此顯著，不可能隱瞞。另一方面，這兩個宗教又宣稱，它們是猶太教的真正繼承者，因為它們體現出造物主已經改變了的意向。但造物主的意向是什麼時候發生改變的呢？根據最早的福音傳布者宣稱，這改變是發生在使徒保羅的時候（請注意，這改變並不是發生在耶穌的時候，因為耶穌事實上是個守誡律的猶太人。用今天的術語來說，他乃「極端正統派」猶太人而不是基督徒）。而根據《可蘭經》，這改變是發生在穆罕默德領受啟示之時。

難道這不是件心理學上的怪事嗎？當世界大量群眾對猶太教理念如痴如醉之時，很多猶太人卻反而明顯厭倦了這些理念。

猶太人對猶太教的忠實保存固然值得注目，但他們對世界的貢獻不止於此。他們還是最先信仰唯一上帝和把一神教傳播給別人的民族——在當時，做這種事不只非常不受歡迎，有時還會非常危險。

那時候，絕大多數的世人都狂熱相信，神祇具有物質成分，而且擁有魔力，可以控制宇宙。在這一類環境中，主張真神無形無體而且只有一位之說在對拜偶像者眼中不啻異端邪說。

亞伯拉罕就出生在這樣的環境裡。他是第一個登高一呼，主張最高真神無法憑肉眼看見，只能靠思想和邏輯思維認識。

有一則記載見證了亞伯拉罕對偶像的棄絕：

亞伯拉罕的父親他拉（Terach）專門製作神像。一天，他出門辦事，吩咐兒子顧店。有人前來要買個神像。亞伯拉罕問他：「你貴庚？」對方回答：「五十歲。」亞伯拉罕說：「五十歲的人竟然跪拜一件只有一天年紀的死物，真是可悲。」聽了這話，那人紅著臉離開。

另一個人進店，問亞伯拉罕：「你有賣神嗎？」亞伯拉罕問他：「你想買什麼樣的神？」

「一個戰士神，像我一樣的戰士。」……稍後來了一個寡婦：「亞伯拉罕，我是窮女人，給我一個像我一樣窮的神……」

然後又有個女人帶來一盤麵粉，請亞伯拉罕供奉在所有神像前面。

亞伯拉罕站起來，拿竿子敲破所有神像。他拉回來後問兒子：「誰打破這些神像？」亞伯拉罕回答：「我能向你隱瞞這事情嗎？有個女人拿來一盤麵粉，要我供在所有神像前面。結果所有神像都搶著要先吃。最後，最大那尊神像站來起，把其他神像全部打破。」

他拉說：「你是開玩笑嗎？神像怎可能做這等事！」

亞伯拉罕回答：「聽聽你自己說的話吧。」

他拉把兒子帶到寧錄王（King Nimrod）面前。

寧錄王吩咐亞伯拉罕：「向火跪拜！」

亞伯拉罕回說：「既然水可以撲滅火，我應該跪拜的是水。」

寧錄王說：「那你就向水跪拜。」

亞伯拉罕說：「既然雲可以帶來水，我應該跪拜的是雲。」

寧錄王說：「那你就向雲跪拜。」

亞伯拉罕說：「既然風可以把雲吹來吹去，我應該跪拜的是風。」

寧錄王說：「那你就向風跪拜。」

亞伯拉罕說：「我應該跪拜的是那個可以把風止息的大能者。」

寧錄王說：「你是在耍嘴皮子，尋我開心。我只會向火跪拜，而我準備要把你扔進火裡。就讓你的上帝來救你吧。」

亞伯拉罕走進了火爐，也果真為上帝所救。

引自《米德拉什》（*Midrash*）

文化叛逆份子

嬉皮、伊皮（Yippies）和雅皮

今日大概沒多少人會聽過魯本（Jerry Rubin）其人，但在一九六〇年代晚期，這名字卻是家喻戶曉，代表著文化叛逆主義的尖端。魯本是美國社會運動的領袖人物之一，投入過各種鬥爭，

包括爭取黑人的平等權、反越戰、爭取毒品合法化和其他的反建制活動。

在美國的嬉皮領袖中，魯本位居前列。嬉皮都是些花公子（flower children），開口閉口「世界和平」和「愛情」，嚮往無政府主義和放蕩不羈的自由。許多猶裔年輕人在嬉皮氛圍中如魚得水，但魯本卻認為這不夠。與其他懶洋洋和缺乏責任感的嬉皮不同，魯本後來自行創業（他是蘋果電腦的最早投資者之一），賣力工作。

更後來，魯本又創造了「雅皮」一詞（Yuppies 是 Young Urban Professional〔年輕的都市專業人士〕的縮寫），用來指那些非常適應職場生活但私生活又頗為無拘無束且支持一切自由鬥爭的人。

霍夫曼（Abbie Hoffman）是魯本的好朋友（也是他的意識形態的批評者），兩人交情甚篤，曾共同創立激進組織「國際青年黨」（Youth International Party），簡稱「伊皮」。因為理念不盡相同，魯本和霍夫曼常常發生激烈爭論，但始終維持朋友關係。

霍夫曼是美國資本主義的激進反對者，以猶太戰士自居。他的猶太頭腦表現在他策劃的那些充滿創意的抗議活動。有一次，他和一票朋友跑到華爾街的紐約證交所，從二樓參觀席向一樓交易大廳灑下大把鈔票。股票交易員紛紛上前搶奪，情況變得極端混亂，股市交易活動一度停擺。資本主義的貪婪至此顯露無遺，霍夫曼大勝而歸。

這軼事最讓人玩味之處在於兩造當事人都是猶太人。霍夫曼和一票朋友固然是猶太人，但那些股票交易員也有很多是猶太人。這事件再一次顯示出，猶太人之間的意見總是極端分歧，從不會就任何事情達成共識。然而，猶太人在爭論兩造都佔據顯要地位這事正是一個非常猶太色彩的現象。

嬉皮文化對美國社會乃至整個西方社會都產生了巨大影響。時至今日，一九六九年的胡士托音樂節（Woodstock festival）仍然被世人視為一個理念的象徵。哪怕嬉皮在美國總人口中只佔極少數，但他們的理念和抗議卻蔓延到社會各階層。

從他們身上，我們可以看到現代世界有什麼未盡完善之處。在以色列，各種捍衛民權、和平與平等的政治運動都從嬉皮運動得到極大的靈感啟發。

紅色達內（Dany le Rouge）

猶太週刊《家庭》（*Mishpache*）有一篇文章提到兩股猶太主導力量起衝突的故事。一股力量是「猶太才智」（Jewish talent），另一股力量是「猶太理想主義」（Jewish idealism）。

瓦塞福格爾（Ephraim Wasserfogel）是位守誡的猶太人，曾任世界性大公司「雷諾汽車」的副總裁。靠著聰明才智，他爬到了歐洲汽車工業界的頂層位置。今天，他仍然活躍於汽車產業的高科技領域，是百萊威視野公司（Brightway Vision, Ltd.）的執行長。

四十年前，瓦塞福格爾發現自己受到來自另一位著名猶太人的正面攻擊，該猶太人因為反對法國汽車工業而老是登上報紙頭版。他是達尼埃爾．孔－本迪（Daniel Cohn-Bendit），外號「紅色達內」（這外號源於他的左傾政治立場和一頭紅髮），是反戴高樂領導的法國政府的學生領袖之一。

一九六八年五月，一場本來只是學運的運動演變為全國大罷工。警察和軍隊千方百計要驅散示威群眾，但徒勞無功。法國政府好不容易恢復秩序之後，發現學運背後的主要推手正是「紅色內達」。他因此被逐出法國，去了德國。今日，孔－本迪是歐洲議會裡綠黨黨團的主席。他的理念一點都沒改變，只是改走政黨路線。

六〇年代晚期，「紅色內達」用盡各種方法去與他認為不義的事情戰鬥。他的矛頭之一指向巴黎的「雷諾」公司，而當時該公司的主要代表正是瓦塞福格爾。

孔－本迪和瓦塞福格爾雖然同樣是猶太人，選擇的道路卻大相逕庭。這現象再次鮮明顯示出，猶太人總是處於各種世界潮流（哪怕是互相牴觸的潮流）的領導位置。

在為《國土報》所寫一篇紀念一九六八年學運四十週年的文章中，作者伊拉尼（Ophrey Ilani）指出：

> 學運領袖的名字在近幾週的法國報章被一再提及，其中包括了孔－本迪、索瓦若（Jacques Sauvageot）、戈爾德曼（Pierre Goldman）、格盧克斯曼（Andre Glucksmann）、本賽德（Daniel Bensaid）、魏因史托克（Nathan Weinstock）和列維（Benny Levy）。
>
> 但這些文章只有極少數提到，絕大部分學運領袖都是猶太人（他們有的家人在納

粹大屠殺期間被殺盡）。猶太人在法國左翼運動的巨大身影從以下這則法國笑話可見一斑：「為什麼『革命共產主義聯盟』開會時不使用意第緒語？答案：因為本賽德不會說意第緒語（他也是猶太人，但自小生長在北非）。」

十二個學運領袖中有十一位是猶太人。

伊拉尼還引用「公開大學」（Open University）的奧龍（Yair Oron）教授之言指出：「六八年學運有大量領導人是猶太人，多得讓很多法國人認為那是一個猶太運動。」

孔-本迪與哥哥加布里埃爾（Gabriel）曾合寫《過時的共產主義：左翼替代選項》（*Obsolete Communism: The Left Wing Alternative*）一書，而很多歷史學家認為，此書對今日的社會主義運動和其他反建制的潮流仍具有巨大影響力。

綠色和平之父

「綠色和平」是致力於環境保護的國際性組織，為同類型組織中最大一個。它使用的手段非常不拘一格（所以有時會引起爭議），為求達到目標而不惜引起反感。

扼要回顧該組織的歷史以及它是如何創建，將透露出猶太社會活動家有多麼超前於時代。

「綠色和平」肇始於一個反對地下核子試爆的運動。其創立人史托維（Irving Stowe）是美國猶裔人士，出生於羅德島州普羅維登斯（Providence），畢業於耶魯大學。史托維先與太太桃樂絲和其他社會活動家一道成立「別製造震波」（Don't make waves）組織，致力於抗議地下核子試爆，指責此舉容易引起震波和強烈地震。後來，該組織易名為「綠色和平」，而史托維一生都被稱為「綠色和平之父」。新聞工作者韋勒（Rex Weyler）所寫的《綠色和平》一書的第一章對史托維夫妻有詳細介紹。

史托維於一九七四年去世，但他創建的組織活躍至今，享有全球性的巨大聲譽。現在，「綠色和平」共有三百萬成員，每年經費高達數百萬美元。著名美國猶裔社會學家季特林（Todd Gitlin）目前是該協會的主席之一。

猶太人與民權運動

雖然有些黑人領袖（如法拉堪〔Louis Farrakhan〕和懷特〔Jeremiah Wright〕牧師）發表過反猶太人的言論，也雖然布魯克林區的黑人和猶太人之間曾爆發暴力衝突，但事情的真相是：猶太人就像黑人一樣，是美國民權運動的積極參與者。

猶太人對平權運動的參與要早於黑人以外的美國任何群體。猶裔律師萊博維茲（Samuel Leibowitz）一九三〇年代便投入民權運動，是最早參與這運動的人之一，六〇年代晚期又花了大量時間保護黑人青少年。在幫助過黑人鬥爭的律師中，猶太人約佔了半數。

很多猶裔社會活動家都與非暴力抗爭運動的領袖馬丁・路德・金恩博士一起遊行。最著名的一位是赫舍爾（Abraham Joshua Heschel）拉比，他的肖像在遊行示威中常常與金恩博士的肖像一起出現，是抗爭運動的一大象徵。金恩博士於一九六八年遇刺身亡——沒幾天之前，他才在赫舍爾拉比的家參加過逾越節家宴。「猶太女性文庫」網站（www.jwa.org）列出了數以十計曾為黑人權利奮鬥的猶裔女性的名字，她們有些明知此舉有損自己的聲譽和社會地位，仍在所不惜。

在密西西比州舉行的「自由之夏」（Freedom Summer）運動是為爭取更多黑人可以獲得投票權而發動——其發起者有一半是猶太人。在一次示威抗議活動中，有些猶太領袖甚至與金恩博士一起被捕。

自金恩遇刺身亡後，布蘭戴斯大學（Brandeis University）推動了一個特別方案，儘可能多收黑人學生（該大學是一家猶太人資助的學校，校徽上印有「真理」一詞的希伯來文）。湊巧的是，布蘭戴斯大學有兩名畢業生也是民權運動的積極人物：霍夫曼（Abbie Hoffman）與戴維斯（Angela Davis）。

有三個大型猶太組織在美國人權事務著力甚深，它們是「美國猶太人大會」（American Jewish Congress）、「美國猶太委員會」（American Jewish Committee）和「反誹謗聯盟」（Anti-Defamation League）。

著名的法國猶裔法官卡森是聯合國「人權宣言」的起草人之一，後來獲頒諾貝爾和平獎。

在一次演講中，魏因伯格（Weinberg）拉比觸及了一個所有知名猶太人共有的特徵：

> 二十世紀有三位猶太人徹底改變了世界：馬克思、弗洛依德、愛因斯坦。這三人都受到了一種改變世界的渴望驅使……雖然我們很難想像弗洛依德或愛因斯坦或馬克思和「革命份子」一詞沾得上邊，他們的理論卻徹底具有革命性格，帶來了翻天覆地的改變。

我們知道，科學家在建立一個理論之前都會有一個願景。上述三位猶太人的願景都激進而深遠。他們把目標放得很高很遠，然後才著手研究他們提出的假設是否有根有據。這就是「猶太革命精神」（Jewish Revolutionaryism）的精髓，而魏因伯格拉比認為，這種精神可以解釋何以猶太人在世界上身影顯赫。

我們很容易在任何社會運動發現猶太人位居領導者之列。許多人投身社會運動通常都是因為切身利害關係，但猶太社會運動家一般卻是出於其他理由。

驅使他們這樣做的不是反抗心理，而是一種嚮往新事物並成為其一部分的渴望，是一種與時俱進的意願。

他們都是些不肯妥協的理想主義者，一心要尋找終極真理，而我們發現，猶太人這種狂熱的理想主義在二十世紀達至高峰。

「猶太人想要改正世界。」魏因伯格拉比指出。「這種心態在路途上的每一步推動著他們。猶太人無法袖手旁觀，無動於衷。他們被一種『超越』的渴望所驅使……身為猶太人意味的就是身不由己地想找出提升自己和提升人類的方法。」

魏因伯格拉比又提出了以下一問：「要是猶太人不曾存在，世界會有所不同嗎？」為了回答這個問題，他帶我們回顧了印加帝國、巴比倫人和成吉思汗的歷史，並得出如下結論：

人類總是想要殺死彼此。要是烏干達發生饑荒，世界其餘人就會利用這機會對它發動攻擊。要是希臘發生饑荒，人們將不屑一顧。沒有人會送救助包裹到那裡去。任何一次火山爆發或颶風侵襲都是另一個發動攻擊的機會。碰到那些無力保護自己的人，讓我們去攻擊他們吧。這就是世界上若沒有猶太人的樣子。

換言之，猶太人把倫理和相互責任帶給了世人。讓人驚訝的是，魏因伯格拉比並不孤單，因為他的這些主張可以在世界的另一頭找到呼應者。

美國猶裔歷史學家斯萊茲肯（Yuri Slezkine）寫過一部有趣的著作，書名是《猶太世紀》（*Jewish Century*）。他的主要論點是，猶太人乃二十世紀各種重大社會革命的象徵。斯萊茲肯寫道：「二十世紀是猶太世紀，因為現代化所意味的不外是都市化、流動化、識字、能言善道、思想精密……換言之，現代化追求的是讓每個人變得猶太化。」「現代世紀」是猶太世紀，而我們每個人不同程度上都是猶太人。

有些農民和王侯在現代化一事上比其他人成功，但沒有人比猶太人變得更像猶太人。在這資本的年代，猶太人是最有創意的創投家。在這疏離的時代，猶太人對放逐有最深體驗。在這專家的時代，猶太人是最專精的專業人士。有些最古老的猶太專業（商業、法律、醫學、文本詮釋和文化思考）成了所有現代追求的根基。正因為能活出古代人的風範，猶太人成為了最現代的現代人。

在《論評》雜誌的一篇書評中，作者哈爾金（Hillel Halkin）指出：「斯萊茲肯問了一個與眾不同的問題：何以猶太人在現代資本主義的發展和推進上處處都扮演著顯要角色，卻又同時在最反資本主義的運動（特別是布爾什維克革命和它創建的蘇維埃社會）中扮演著顯要角色？我們要怎樣解釋，何以猶太人要比其他民族在這個二元對立的過程中更加成功和突出？」

確實，在政治的領域，每一種意識形態（共產主義、資本主義，甚至無政府主義）都有猶太人做為它的發言人。

猶太人真的那麼成功嗎？

文章摘要

如果統計數字無誤，那猶太人只佔全人類的一％。這個比例相當於一團幽暗星塵之於一整個璀璨的銀河系。有鑑於此，猶太人的名字照理不會有人聽過，但事實上卻有人聽過，而且是人人聽過。他的名氣不輸這星球上的任何民族，而他的商業重要性大到與其人口比例完全不成比例。文學、科學、藝術、音樂、財經、醫學和深奧學問方面都出過極多響噹噹的名字，數目又是多得與其人口不成比例。他在所有時代都表現傑出，而且是在雙手被綁在背後的情況下表現傑出。他本來可以為此自負，本來可以因此而獲得饒恕。

埃及人、巴比倫人和波斯人都崛起過，在這星球上產生過極大聲光，但最終皆煙消雲散，有如幻影。希臘人和羅馬人踵繼其後，弄出過極大聲響，但他們亦已一去不復返。之後其他民族先後稱霸，各高舉火把於一時，但火把終歸熄滅，讓他們只能呆坐在幽暗裡或是完全消失。猶太人看著這一切，勝過這一切，至今還是原來的老樣子，毫無衰頹跡象，毫無老邁跡象，四肢健壯如昔，精力旺盛如昔，警覺性毫無降低，心靈還是一樣敏銳。一切都會老朽，唯獨猶太人不會；其他力量都會過去，唯獨猶太人長駐。他不朽的祕訣何在？

引自馬克吐溫〈論猶太人〉，1899

談到猶太人的智慧和猶太人對世界文化的貢獻，值得記住的是，他們大部分最值得一提的貢獻都是發生在距今不久。這是因為，他們從近代才開始享有公平競爭的機會，也因此最能把才華發揮得淋漓盡致。

凡是猶太人能做出傑出貢獻的時代，都是猶太人享有宗教自由和人權的時代和地點。邁蒙尼德能夠在埃及享有大名，是因為他是蘇丹的御醫。另外，該時代的猶太人也享有可觀的自由。史賓諾莎能夠發展出自己的一套哲學，亦是受惠於荷蘭政府實施保護境內猶太人的政策。如果猶太人一直以來都被容許完全參與到拓展人類知識的工作，他們的建樹會大上多少倍實難想像。說不定，科學的進展會比現今超前幾百年。

中世紀的狹窄心胸和仇恨心理並沒有阻止猶太人在精神上一片繁榮。正好相反，許多最偉大的猶太學術作品都是寫成於此一時期（這時期非常缺乏參考書籍，因為大部分書籍都遭到當局焚燬）。仇視猶太人最甚的國家正是損失最大的國家。諷刺的是，猶太人對世界文化的一大貢獻正是他們有關人類尊嚴、個人自由和人人平等的哲學。要是人類更早接受這些信念（現在這些信念被認為是自明的），則世界早早走出了原始主義（不只是社會的原始主義，並且是科學的蒙昧狀態）。

最好的例子是希特勒統治下的德國。納粹德國不只不珍惜它的猶裔科學家（最大名鼎鼎的一位是愛因斯坦），反而百般迫害他們，焚燬他們的科學著作。今天，經過許多年的延宕，德國終於在它的宣傳品（包括前面提過的小冊子《五十顆德國星星》和多年前舉辦的「你是德國人」宣傳活動）向愛因斯坦致敬。

愛因斯坦談過猶太人在科學領域有哪些貢獻。接受法國報章訪問時，他表示：

> 那些無視個人自由理念，想用野蠻力量逼使我們向國家臣服的人正確看出，我們最終會是他們的敵人。歷史一直給予我們（即猶太人）艱困的掙扎。但只要我們繼續矢志當真理、正義與自由的僕人，那我們就不只會做為世界最古老的其中一個文化繼續生存下去，還會繼續用創意的作品去創造出價值，提升人類的價值。

猶太人的其他貢獻

就連那些絲毫沒有反猶太主義心理的人一樣會相信，驅使猶太人追求成功的動力是金錢——為數龐大的猶裔富商巨賈似乎坐實了這個假設。確實，猶太人真的是精明生意人。

然而，不管是在古代還是近代，相反的例子所在多有。

例如，當西班牙決定要驅逐所有猶太人，很多政治或經濟上居顯赫地位的猶太人只因為不願意改信基督宗教，不惜放棄權力或巨大財富，成為流浪者。

另一個例子是發現小兒痲痺症疫苗的美國生物學家沙克。他本來可以拿這發明前去註冊專利權，發一筆大財。沒有人會質疑他有這種權利，因為他的發現讓美國每年省下幾百萬美元支出。但沙克卻不圖回報，只以領一份醫師的薪水為滿足。日後，他還創立了「沙克生物研究學院」。

愛因斯坦也是如此。他把他的名字使用權、肖像權和著作版權遺贈給希伯來大學而沒有留給子女。哈夫金雖然靠著當醫生和發現霍亂疫苗發了大財，但把所有遺產捐贈給了歐洲的猶太經學院。

知名美國醫生暨科學家沙茨（Albert Schatz）是社會主義者，信奉公社的理想。他有過許多醫學發現，但他並沒有利用它們發大財，而是以領一份薪水為滿足。出於自己的社會主義信念，沙茨經常到住家附近一家集體工廠當義工，幫忙磨刀。

自由程式之父斯托曼（Richard Stallman）也是猶太人。現在的電腦使用人有那麼多的免費軟體可以下載，斯托曼居功匪淺。雖然有些免費軟體的發布者懷有商業動機，但也有很多免費軟體的設計者是出於應該把才智分享與世人的信念。

斯托曼發起的 GNU 計畫最終開發出一種免費和大受歡迎的作業系統：Linux。斯托曼不只是

「開放軟體原始碼」運動的尖兵，還願意投入幾千小時的時間，為公眾福祉當義工。他是個傑出理想主義者，在他的價值順位中，追求金錢利益佔很低位置。

猶太人是世界最大善款捐贈者之一。在《商業週刊》列舉的世界最慷慨慈善家名單中，猶太人佔了三成。

換言之，「威尼斯商人」並不足以充當猶太人的典型。正好相反：回顧歷史，更多猶太人隨時準備好為追求理想主義而放棄舒適生活和個人利益。

猶太人擅長尋找新利基

《聖經》記載，雅各出生時，手裡緊抓住哥哥以掃的腳踝（兩兄弟幾乎是一起出生）。因為這緣故，父母為他取名雅各（希伯來語作 Yaakov，意指「追隨者」）。這絕非文字遊戲：《聖經》裡的命名都包含著深意。

日後，雅各把名字改為「以色列」，以彰顯他與天使角力得勝，然而「抓住腳踝」卻始終是雅各後代子子孫孫的一大特徵。

這是因為，猶太人取得成功的祕訣之一正是抓住一個少人重視的著力點，以之為支點，取得重大成功。例如，在商業上，過去猶太人因為受到重重限制，逼得他們只能經營一些受人輕視的生意。但透過猶太人的經營，這些生意或社會利基變成了新的獲利來源。

「抓住腳踝」不只是猶太人在商業領域成功的祕訣，也是他們在其他領域成功的祕訣。他們從不害怕進入充滿風險的新市場，因為他們明白，正是它們包含的風險讓這些市場大有可為。不管股票和債券的領域，抑或電腦和程式設計的領域，本來都是全新領域，待猶太人投入後才突飛猛進。

考察猶太人在科學和政治領域的成功，會發現相似特徵。猶太人總是不斷尋找最能讓他們發揮所長的行當。他們知道隨波逐流也許會比較安全，但踏上「少人走過的路」③卻讓他們有更大的揮灑空間。想想看如果沙克博士不是選擇投入臨床研究而是甘願當個普通的家庭醫師，人類的損失會有多大。

③出自美國詩人佛洛斯特（Robert Lee Frost）的詩句。

Chapter 7

以掃恨雅各

Esau Hates Jacob

反猶太主義

「反猶太主義本質上是非理性的。」

歐威爾（George Orwell），1945

「猶太人會遭仇恨，不是因為他們有什麼可憎特徵。毋寧是，人們是因為仇恨他們，才把他們說成具有一些可憎特徵。」

諾爾道（Max Nordau）

沒有一種現象比反猶太主義（anti-Semitism）更無法解釋和更難定義。

說來弔詭，anti-Semitism（反閃族主義）①一詞從未被人按照字面使用。「閃族」指的是諾亞兒子「閃」（Shem）的所有後人（即所有操閃語系語言的民族），所以，名實相符的 anti-Semitism 理應是恨所有閃語系的民族。

所以，說來諷刺，猶太人受過的苦雖然深重得獨一無二，卻仍得不到一個把受苦主角精確道出來的稱呼。有的只是一個模糊籠統的稱呼，就像是設法隱瞞事實的真相。從不曾有過名實相符的 anti-Semitism。例如，沒有人恨古代的腓尼基人（Phoenicians），哪怕他們也是「閃」的一支後裔。總之，anti-Semitism 是漂白過的字眼，易於消化，符合政治正確的原則，就好像不是衝著猶太人而來。這個用字本身就隱含著大量的反猶太人情緒。

沒多少人知道 anti-Semitism 一詞是德國哲學家馬爾（Wilhelm Marr）首創，而他本身就是個反猶太份子。馬爾的職業是政治記者，他在一八七九年成立了反猶太主義同盟。（說來有點可笑：根據馬爾的傳記顯示，他在猶太學校唸書，在一家猶太人開的公司工作，前後娶過的三個太太全是猶太人。）

馬爾會稱他的組織為「反猶太主義同盟」，是要用簡單明瞭的語言道出其宗旨，不想拐彎抹角。然後，過了不到一百五十年，不管是反猶太人現象本身還是稱呼它的用語都經歷了重大變化。過去，反猶太主義一度公開而流行，但如今卻被人用層層的合理化論點覆蓋起來，而稱呼它的用語則成了乾巴巴、被廣泛接受的用語，甚至是一種學術用語，就像是用來描述一種已成過去的歷史現象。馬爾自稱「反猶太主義者」，是為了明言自己討厭猶太人，但如今卻沒有人會願意被這樣稱呼。他們頂多承認自己是猶太教的激烈批判者，不承認是反猶太主義者。

這就是現代反猶太主義和其古典形式的根本分野。新的反猶太主義陰險而狡猾，不會以真面目示人。至少在它的發言人之間，反猶太的言論總有具體內容，如批評以色列佔領約旦河西

① **anti-Semitism** 的字面意義是「反閃族主義」，但中文世界習慣依其實際內涵翻譯為「反猶太主義」。

岸或猶太工廠主靠著剝削工人血汗致富等等。

現在很難找到公然宣稱自己是因為恨而恨猶太人，而是有一些冠冕堂皇的理由。但說到底，這種恨並不需要科學理性或毫不含糊的證據支持。它安躺在人類心靈的深處，靠著鄙夷非我族類和喜歡相信神話多於事實的心理傾向哺養。

猶太人遭污名化的歷史

恐猶症（judeophobia）始自古埃及。雅各十一個兒子因為家鄉迦南環境惡化，遠遷埃及，在那裡努力打拼，家族人口穩定成長，成為傑出與成功的公民。這社群有多年時間與東道主國相安無事，既沒有政治野心也沒有造反意圖。

然而，事情後來卻起了變化。請看以下的經文：

> 看哪，這群以色列民比我們還多，又比我們強盛。來吧，我們不如用巧計待他們，恐怕他們多起來，日後若遇什麼爭戰的事，就聯合我們的仇敵攻擊我們。
>
> （〈出埃及記〉一章九－十節）

就這樣，一個愛好和平的民族被埃及法老視為潛在的敵人，形同一支「第五縱隊」，隨時都會掉轉槍頭對東道主不利。任何主修心理學的大一學生都看得出來，法老這種想法其實是把一種內心衝突投射為一個外在敵人。

※

致世人的一封公開信卡哈尼（Meir Kahane）

親愛的世人：

我知道你們對住在以色列這裡的我們感到不快。

確實，你們看起來相當不快，甚至憤怒。

確實，你們每隔幾年就會對我們感到不快一次。今日，你們持的理由是我們「殘酷鎮壓巴勒斯坦人」，昨日是因為黎巴嫩，這之前是因為我們轟炸巴格達的核子反應爐，更之前是因為贖罪日戰爭和西奈戰役。看起來，正是猶太人打了勝仗和活了下來讓你們不快最甚。

當然，親愛的世人，早在有以色列這個國家以前，我們猶太民族便已經讓你們不快。

我們讓選希特勒上台的德國人不快，讓為希特勒進入維也納而歡呼的奧地利人不快，也讓一整批的斯拉夫國家不快：波蘭、斯洛伐克、立陶宛、烏克蘭、俄羅斯、匈牙利、羅馬尼亞。我們讓世人不快的歷史罄竹難書。

我們讓赫梅爾尼茨基（Chmielnicki）領導的哥薩克人不快，以致有數以萬計猶太人在一六四八至四九年間死於他們刀下。我們也讓十字軍不快：他們在前往解放聖城的途中對我們是如此不快，以致屠殺了數不清的猶太人。

許多世紀以來，我們讓羅馬天主教會不快，它一直竭盡所能要用宗教裁判所糾正我們。我們也讓羅馬教廷的死敵馬丁．路德不快，他曾呼籲焚毀猶太會堂和燒死裡面的猶太人，表現出可欽佩的基督宗教包容精神。

親愛的世人，正是因為不想讓你們不快，我們決定離開你們，建立一個猶太人國家。我們推想，你們會對我們不快，是因為我們住得太靠近，打擾了你們。所以，還有什麼比離開你們更好的主意？此舉既是出於愛你們之心，也是為了可得到你們的愛。所以我們便毅然返回故土：那片我們在一千九百年前被羅馬人驅離的故土（我們顯然也曾讓羅馬人不快）。

可是啊，唉，親愛的世人，你們看來是難以取悅的。

雖然我們離開了你們，離開了你們的宗教裁判所、十字軍和納粹大屠殺，單獨住在我們的小小國家，但你們繼續對我們不快。你為我們鎮壓可憐的巴勒斯坦人不快。你們為我們不肯放棄一九六七年佔領的土地深感憤怒，認為那明顯是中東和平的一大障礙。

莫斯科感到不快，華盛頓感到不快；阿拉伯人中的激進派感到不快，埃及人中的溫和派也感到不快。

所以，唉，親愛的世人，請想想一個以色列的普通猶太人會是什麼反應。

請想想看，不管是在一九二〇、二一還是二九年，都還沒有一九六七年的領土問題可以妨礙猶太人和阿拉伯人之間和平。事實上，會惹人不快的以色列國當時也尚未存在。然而，巴勒斯坦人照樣在耶路撒冷、賈法、采法特和希布崙殺死數以十計的猶太人。事實上，在一九二九年，一天內希布崙便有六十七個猶太人遭到殺害。

親愛的世人，阿拉伯人（巴勒斯坦人）為什麼一天內就要殺死六十七個猶太人呢？是因為對以色列人一九六七年的侵略感到憤怒嗎？另外，阿拉伯人為什麼要在一九三六至三九年的阿拉伯暴動中殺死五百一十個猶太男人、女人和小孩呢？是因為阿拉伯人對一九六七年的事感到不快嗎？

親愛的世人，當你們在一九四七年提出一個分治計畫，要讓一個「巴勒斯坦國」與小小的以色列並存時，阿拉伯人大喊「不行」，然後投入戰爭，殺死了六千個猶太人。這是因為一九六七年的侵略引起的「不快」致之嗎？順道一問，親愛的世人，你們當時為什麼沒有對阿拉伯人的行為感到「不快」？

那些「可憐的」巴勒斯坦人如今用炸藥、火箭和石頭殺害猶太人，要求得到全部土地，企圖把所有猶太人趕下大海。過去的巴勒斯坦人和今日的巴勒斯坦人是同一批人，有著同樣扭曲的臉孔，同樣濃烈的恨意，呼喊著同一種口號（「殺光猶太人！」）。他們是同一批人，有著同樣的夢想：摧毀以色列。他們過去沒如願，但夢想著今天會如願，而你們卻說我們不該「鎮壓」他們。

親愛的世人，你們在納粹大屠殺期間袖手旁觀，在一九四八年阿拉伯七國聯合攻打以色列時（他們宣稱準備來一趟蒙古大屠殺）也是袖手旁觀。

一九六七年，當納瑟（Nasser）誓言把猶太人趕下大海時（他這番話在每個阿拉伯的國家首都引起熱烈歡呼），你們也是袖手旁觀。即便以色列明天面臨絕境，你們一樣會袖手旁觀。因為知道阿拉伯人和巴勒斯坦人每天都夢想著把我們滅絕，我們將用盡一切可能辦法在自己的土地上活下來。如果這讓你們頭痛，親愛的世人，那請想想你們過去曾經多少次讓我們頭痛。

不管你們頭不頭痛，親愛的世人，以色列這裡至少有一個猶太人懶得理會。

反猶太主義的理由和根源

不管我們接不接受反猶太主義是一種超自然現象之說②，或接不接受各種對它的合理化解釋，有一件事實都無人能否認：反猶太主義是個獨一無二的現象。沒有其他民族像猶太民族被恨得如此之深，被迫害和鄙視得如此之甚。沒有其他民族像猶太人那樣，歷世歷代都受盡誹謗和抹黑。

當然，敵對民族之間總是會互相仇恨，但對猶太人的恨卻是超越一切國界，為一大批國家（甚至互相是死對頭的國家）所共享。在反猶太主義一事上，「敵人的敵人便是我的朋友」這條知名法則並不管用。

要理解反猶太主義的根源和理由近乎是不可能的任務。這是因為它們出現的大環境千差萬別，每一個個案都需要各自的解釋。

在接下來的篇幅，我們將會檢視一些廣為人接受的理論，對它們作出較深入的檢討。我們將會發現，有一些的解釋力並不足夠，未能充分觸及這個真正的問題：人們為什麼恨猶太人？

---

②指反猶太主義是上帝用來砥礪猶太民族的心智毅力，讓他們的信仰更堅定不移。

德國哲學家暨歷史學家史賓格勒（Oswald Spengler）在第一次世界大戰之後曾指出歷史上許多現象都會循環反覆出現，其中之一便是反猶太主義。

與眾不同和嫉妒心理

有兩個對反猶太主義的解釋廣獲認同：

一、猶太人會遭忌恨，是因為他們自成一格，與眾不同。

二、猶太人賺的大把鈔票先是引起鄰居的嫉妒，繼而引起仇視。

第一種主張又可分為兩大類。

有些人認為，癥結是猶太人在文化和心態上的自成一格：猶太人是一個黎凡特（Levantine）③民族，所以，每逢他們在一些非黎凡特民族之中落腳，便會因為性情氣質的迥異而引起仇視。為了支持這種主張，論者指出，在諸如義大利、希臘和西班牙這些地中海國家，反猶太主義的風氣不如其他地方兇猛。

這個理論除了事實根據薄弱（例如西班牙的反猶太主義即便沒有比其他國家更強，也沒有更弱），它也難以解釋何以在過去一千年來，猶太人已經幾乎完全融入西歐很多國家（特別是德國），這些國家的反猶太風氣仍然非常普遍。另外，要說猶太人之間有一種「統一」的性情氣質也很難成立，不信的話你不妨把德國和葉門的猶太人加以比較。

另一解釋強調的宗教和社會面的差異性。在大多數歷史時期，猶太人因為堅持保有本族的宗教和社會組織，遂與四周環境鑿枘不合。但現代的反猶太主義看來完全不需要這基礎。例如，在兩次世界大戰之間的時期，人們對猶太人的恨意並不需要這個藉口。因為這階段正是猶太人最賣力融入所在國的時期，但他們偏偏引起最大的憤怒。法國的德雷福斯（Dreyfuss）④就像柏林菁英界的猶太人一樣，努力打扮得像歐洲人，卻不成功，反而招來了敵意反應。

最諷刺的是，今日的研究者發現，一個一直被認為最可能終結反猶太主義的辦法（創造一個獨立的猶太人國家）反而是激起反猶太主義的最重要因素之一。外邦人國家當初雖然表示樂意支持猶太人建國，但心中明顯是有別的計畫，所以當他們看到猶太人傻傻地把他們的話當真並付諸實行時，便變得相當生氣。

※

猶太人是因為與眾不同（是個「他者」）而招恨——這是最多人接受的解釋之一。這解釋以一個邏輯前提為基礎：人無法對與自己不同的人視若無睹，因為後者的差異性會對四周的人構成挑釁。

---

③黎凡特主要指義大利以東的地中海沿岸區域。

④法國猶裔軍官，被誣告通敵賣國。

到了某個階段，社會中的主流群體必然會面臨一個挑戰，即需要去解釋為什麼那個「他者」會是它的那個樣子。一個可能的回應方式是「看不起」，即認定這些少數群體是因為落後、原始或其他讓人不敢恭維的成分而與眾不同。

恨是一種最極端的貶視方式，但它只能維持到某種程度，因為看不起一群人將有力沖淡對這群人的恨意。一個被貶視的少數群體很難招致恨意，因為它是那麼低微，以致不值一恨。所以，當一個少數群體被仇恨，就代表大社會有看不起他們的需要卻找不出好理由，代表這個少數群體的優點太大或太顯著以致無法否定，讓人更恨得牙癢癢。

嫉妒心理

根據這個解釋，對猶太人的恨就像是窮人恨貴族、恨有錢人或恨其他社會菁英那樣，是出於一種看不得別人好的眼紅心理。

這是個有趣的解釋，但卻包含好些弱點：

一、不少傑出音樂家、政治家或神學家為自己招來的只是讚美和欣賞，不是仇視。所以，猶太人照理說是可以享受榮耀的，特別是因為他們對別人並未構成威脅。那麼，為什麼他們總是會給自己招來冤大仇深的恨意？

二、與其他會招人嫉妒的少數族群不同，猶太人的優越性實在很難真的引起嫉妒，因為隨著這種優越性而來的，是巨大甚至使人壓得透不過氣的責任負擔。「上帝選民」的責任是無窮無盡的，任何其他民族都用不著扛這種重擔。

三、最終來說，反猶太主義都是一種自圓其說，因為如果猶太人真的是那麼低下和可恨，又怎會有人嫉妒他們？

四、外邦人一直都是被容許加入猶太民族的（哈扎爾〔Kuzarim〕⑤的統治者就真的這樣做了）。別人已經提供了你機會，如果是你自己不接受，你又有什麼理由要嫉妒？

對於最後一個問題，答案可能是如此：在大多數情況下，轉皈猶太教並不是選項——理由要麼是因為太困難，要麼是民族主義情緒使此舉顯得不正當或不可欲。總之，那不是有實際可行性的選項。更容易的選項毋寧是屈服於仇視的自然心理——這是應付因嫉妒而起的挫折感的最容易方法。

為什麼猶太人會招恨？

受反猶太主義影響最大的當然是猶太人。他們一直經歷著一個不停歇的「挫折」循環：感

⑤ 從六世紀起住在今日歐洲俄羅斯東南部的突厥語部族聯盟。

到挫折，設法取悅，失望，再次陷入挫折。

當我們讀到較早期猶太人如何了解他們招恨的理由時，會發現他們天真得讓人心疼。做為一個民族，猶太人想要得到的是平靜，他們從不想引起爭論，也不像其他民族那樣，有統治世界的野心。所以，他們完全不明白，自己何以會無端端招恨。猶太人不明白為什麼他們努力想整合進入大社會中卻總是徒勞無功，不明白何以他們在同化了許多年後仍然會被外邦人認出他們的猶太特徵（這些特徵是連他們自己都忘了的）。

一個好例子是著名的「猶太鼻子」。那主要是非猶太人用來辨認猶太人的一個身體特徵。很多猶太人都覺得要在一條車水馬龍的俄國大街認出其他猶太人很困難，反觀俄國人要認出誰是猶太人卻容易得多。顯然地，猶太人對自己的猶太特徵要比外邦人不敏感。

※

很多猶太人天真地以為，他們的問題是衍生自社會環境和政治變數。這些人的其中一位平斯克爾（Yehuda Leib Pinsker）甚至主張，這現象應該稱為恐猶症，因為人們之所以仇視猶太人，是因為恐懼猶太人。他力主，會出現反猶太主義，是因為歷世歷代以來，猶太人在各國都像是一群游蕩的幽靈。

平斯克爾信心滿滿地主張，只要猶太人放棄流浪，回歸以色列故土，反猶太主義的現象就會終結。非常多錫安主義的先驅人物都持有類似主張，其中一位是赫茨爾（Theodor Herzl）⑥：他早年主張，想要化解反猶太主義，唯一方法是大量轉皈基督宗教，後來又想出建立一個猶太人國家的觀念。

在距離平斯克爾和赫茨爾一百年之後的今日，我們終於可以以後見之明看出：現實總是會讓猶太人一再嚇一跳。因為事實證明，不管是採取同化於在地文化的策略還是回歸錫安，都無法撲滅反猶太主義的勢頭。

※

如果說回顧歷來眾多對反猶太主義的解釋可以帶給我們什麼啟示的話，那就是，它們讓我們知道，反猶太主義沒有清晰分明的起因。由於天真或不願意相信這麼龐大的恨意會沒有起因，許多猶太思想家提出了各式各樣的理論，但它們有些牽強，有些荒謬。看看「維基百科」裡的「反猶太主義」條目就知道，人們對於這個問題的看法有多麼意見分歧和光怪陸離。

上文提到的平斯克爾便是一例。他主張，外邦人是因為害怕猶太人而發展出一種對猶太人的病態心理。這個基本論點頭頭是道，但平斯克爾接下來的說明卻不無天馬行空的味道：

⑥ 錫安主義的創建人，生於十九世紀的奧匈帝國。

世人把這個民族看成是行走在活人中間的死人。就像一具行屍，這民族沒有統一性或組織、沒有土地或其他紐帶，不再活著，卻仍然行走在活人中間：這幅恐怖畫面在歷史裡沒有先例，難免會在其他民族的想像力裡引起古怪影響。如果說怕鬼是人與生俱來的情感，那我們就不應該驚訝於一個已死但卻還活著的民族會引起其他民族那麼大的驚恐。

對猶太人的恐懼一代傳一代，一世紀傳一世紀。起初，它是偏見的孕育者，後來，與其他我們即將討論的其他因素匯流，它又上升到最高點，成為了恐猶症。

恐猶症，連同猶太人的各種象徵物、迷信和特殊癖性，凡此都讓與猶太人打交道的民族產生可理喻的恐懼。恐猶症是「鬼附身妄想症」（demonopathy）的一種變體，獨特之處在於不是某個種族所專有，而是全人類共有。另外，這鬼不像其他鬼那樣是離形去體，而是有血有肉，也因此必然會受到恐懼暴民加諸的痛楚。

恐猶症是一種心理失常，又是會遺傳的心理失常。它已經世代相傳了兩千年，顯然是一種不可治之症。

平斯克爾的解釋讓人目眩，卻很難經得起科學的審視。正如我們下面會看到的，今日的心理學並不支持他的見解。在現代的醫生或精神醫師所持有的「恐懼症」清單裡，並不包含「恐猶症」一項。

※

另一個類似的理論（至少是在「嚇人一跳」這一點上類似）是出自丹麥猶裔心理學家艾力克遜（Erik Erikson）。為解釋現代的反猶太主義，艾力克遜提出一個有趣的主張：愛因斯坦、弗洛依德和馬克思等猶裔思想家動搖了年深日久的思想信念。這導致許多人失去認同感，變得迷惘，而出於反彈，他們對這些革命性思想家所從出的民族產生恨意。

艾力克遜並沒有企圖用這一套來解釋傳統的反猶太主義。不過，即便只限於解釋現代的反猶太主義，他的意見充其量只算是猜測。有趣的是，艾力克遜本人並沒有意識到，就像其他猶太思想家一樣，他也是在向自己時代的成說提出挑戰。

艾力克遜用另一個理論來解釋傳統的反猶太主義：猶太人有行割禮的習尚，這在其他不行割禮的民族中間引起了發自本能的恐懼。但即便我們接受這理論背後的心理學，有一點仍然需要解釋，那就是其他行割禮的民族何以沒有招來相似的恨意（地域上的相隔遙遠並不足以構成解釋：一個證明是，即使從未親眼看過猶太人的民族一樣會對猶太人懷有敵意）。

很多這一類假設都包含一個也見於其他心理學理論的弱點：它們固然是以已確立的心理學觀念為基礎，但往往又會引申太過，失去原有的經驗基礎，流於毫無根據的猜測。

殺害耶穌

解釋反猶太主義的最知名理論大概是這個：猶太人是因為殺害耶穌而招恨。但如果這是唯一原因，那穆斯林為什麼要仇視猶太人，便讓人費解。這個假設當然是經不起歷史檢驗的，因為穆斯林也曾三番兩次迫害猶太人。然後，基督徒對猶太人的迫害確實要比穆斯林冷酷無情許多，而這又確實是一種為耶穌報仇的心理助長。

問題是，猶太人該對耶穌釘十架一事負多少責任，並不是那麼清楚。例如，在梅爾．吉勃遜二〇〇四年製作的電影《受難記》（*The Passion of the Christ*）裡，猶太人所犯的罪頂多是通風報信，或是不願意為耶穌提供庇護。

而且，即便耶穌是猶太人親手殺害，基督宗教時代對猶太人後代的無情迫害仍難以說具有道德正當性。但不管怎樣，耶穌受難確實給了十字軍一個仇視猶太人的藉口，讓整部十字軍東征的歷史充滿血腥。

弱者的恨意

值得指出的是，要直到上個世紀，當弗洛依德提出了無意識和潛意識的概念之後，才開始有人著手探討反猶太主義隱藏的心理動機。根據弗洛依德取向的分析。反猶太主義是一種情結，一種內在的心理衝突，只有那些對自己情緒有著高度自覺的人方能看出這恨意的緣由。

從猶太教的角度看反猶太主義

最早期的猶太典籍已提到反猶太主義。《塔木德》指出，「以掃恨雅各」近乎是鐵律，無可改變。《塔木德》又問，為什麼摩西領受《妥拉》那座山會被稱為西奈山？答案：因為「西奈」（Sinah）一詞的希伯來文意指「恨」，而「恨」就是從摩西領受《妥拉》開始來到世上。

從猶太教的角度出發，反猶太主義的起源有好幾種不同解釋，茲扼述如下：

解釋一：猶太人會招恨，是因為他們負有「把光帶給萬國」的責任，是個最高典範。兩相對照，外邦人無法忍受自己的地位那麼卑微而猶太人那麼崇高。

這個解釋在今日看來有點不合時宜，因為現今許多文明國家都已經達到很高的道德水平，沒理由在猶太人面前感到自慚形穢。必須承認，今日的猶太倫理（《聖經》中的法律正義和社會正義概念）並不必然比其他的倫理更勝一籌。

不過，歷史上的反猶太主義卻支持上述的理論。至少在往昔，反猶太主義看來是衍生自其他民族的心理－社會情結：猶太人擺在外邦人面前的道德倫理挑戰讓他們不是滋味。

猶太民族就像一座代表光和正義的燈塔，它的社會、倫理和宗教鶴立雞群，足以惹惱其他較原始的民族。

所以，外邦人用盡一切方法剷除這套倫理學。方法之一是殺盡猶太人，以便把猶太倫理的一切痕跡從日常生活中除去。德國人特別樂於逼迫猶太人生活得豬狗不如，好摧毀猶太人的儼然儀表：這是納粹想要剷除猶太教及其所代表的一切的又一見證。

其他方法包括誣指猶太人幹盡各種壞事，以此證明他們的倫理守則只是門面。此一形式的反猶太主義在今日極為流行，因為歐洲人無法公開他們對猶太人的恨意。面對猶太倫理對他們低一等的倫理所構成的挑戰，只好把猶太人（以色列）醜化為最不道德的妖魔：說他們迫害其他民族、佔領別人領土、無情謀殺婦孺。

這現象的重要特徵是一般反猶太主義者完全無法自覺到心中作祟的心理機制，因此，他們把對有關猶太人的負面描寫當成是客觀忠實的報導，認定迫害猶太人合乎公理正義。必須記住，只要反猶太主義者知道自己懷恨的真正理由，他們的恨就會迅速枯乾。反猶太現象反映出反猶太主義者的一種內心衝突：動物本能和人類良知之間的衝突。根據這種解釋，反猶太主義者因為找到一個外在對象（即猶太人）來恨，便紓解了內心衝突和其所包含的威脅。當一個猶太人被揍，真正被揍的是反猶太主義者「保持中道」和「自我約束」的內心願望。

解釋二：反猶太主義是上帝的旨意，是個包含著好些重要精神目的的超自然現象。這些目的包括：讓猶太人回歸正信。各種打壓猶太人的帝王敕令、暴亂和屠殺——可以軟化猶太人剛硬的心。反猶太主義還可以提醒猶太人，他們企圖討好外邦人的嘗試是徒勞的，因為外邦人在任何情況下都會繼續仇視猶太人。在受迫害的時期，猶太人會回歸到崇拜之家和禱告，回憶起自己是猶太人。

反猶太主義的頑強生命力

與其他歷史研究領域不同，反猶太主義的領域對研究它的人來說儼然是個無盡藏。它沒有研究得完的一天。它會不斷換上新裝。這表示，研究反猶太主義更多是人類學家或社會學家的工作，不是歷史學家的工作。

巴尼爾（Yisrael Bar-Nir）博士在一篇文章裡提到以下的有趣觀點：

> 歸根究柢，反猶太主義是一種非理性現象，是一種神經官能症，而染上此症者會為自己虛構出一千零一個合理化這種病症的理由。他們會天真地相信這些理由，而這些合理化藉口有時甚至包含一絲真理。
>
> 反猶太主義是集體仇恨（即恨一整個民族）的最古老的版本。西方文化裡的大部

人（特別是知識份子）都因為自己是反猶太主義者而臉紅。他們知道這種仇恨情緒並不可取，知道其所包含的心理模式不是一個文化人所應有。只要用不著他們承認受這一類情感驅策，他們會不惜上窮碧落下黃泉尋找合理化托辭。在這些西方開明的知識份子眼中，反猶太主義是一種不可饒恕的罪，是一種沒有人願意公開披露的人格污點。為了否認內心深處藏有反猶太情緒，這些人的思想特技層出不窮，有一整套裝置可以把他們的反猶太主義者身分隱形。

巴尼爾博士指出，反猶太主義的驚人之處是它在世界經歷過政治、文化和宗教的大變革之後仍完好如初。流行於過去和流行於今日的反猶太主義說詞雖然不同，本質卻沒有兩樣，因為兩者都是在操弄語言以掩蓋一個事實：他們對猶太人的恨最終是沒有正當理由的，完全是受一股不知名的驅力（drive）所驅動。

反猶太主義的頑強生命力是一個社會學和歷史學之謎，其罕見和獨一無二只有另一個同樣罕見和獨一無二的現象可以匹敵：猶太民族的頑強生命力。

猶太人的足跡遍及許多地方，吸納過許多文化和習俗，但這一切都只指向一個無可逃的結論：不管猶太人多願意改變行為方式，反猶太主義仍永遠不會消失。只要哪裡有猶太人，哪裡就會有反猶太主義。換言之，猶太人本身就是反猶太主義存在的理由。反猶太主義會發生，不在於猶太人做了些什麼，不在於他們是什麼性情氣質，純粹只因他們是猶太人。

納粹德國：一個個案分析

納粹的反猶太主義是所有反猶太主義的縮影。但納粹的反猶太主義包含著一個矛盾：它一方面指控猶太人居心叵測，陰謀要統治世界，另一方面又把猶太人形容為滿身跳蚤，完全不知道禮儀和文化為何物。納粹刻劃的這種形象迥然不同於柏林高級住宅區的德國居民從他們猶太鄰居所得來的印象：衣著光鮮，鬍子刮得乾乾淨淨。多麼奇怪啊：原來納粹之所以害怕猶太人，正是因為他們講究禮儀，並完全成功地融入德國社會。

有人主張，希特勒是為了嫌麻煩，才同意消滅所有德國猶太人。但這種主張與紐倫堡法令所顯示的情況不相合，因為紐倫堡法令不只把猶太人當成靶子，還不嫌麻煩地把所有帶有若干猶太基因的人都當成靶子。

特別讓人錯愕的是，在這個種族清洗計畫的高峰時期，科學本身也向著兩個反科學且完全不道德的平面全力開動。首先，它努力為「元首」對猶太人捏造的指控提供一個科學基礎；其次，它樂意主動把猶太科學家從科學界清洗出去，把他們的研究成果（甚至包括愛因斯坦的研究成果）貶稱為毫無價值的「猶太科學」。

※

納粹的反猶太主義使用了所有已知的指控猶太人伎倆手段，但又採取了分類手法：波蘭或匈牙利的猶太人太原始，德國的猶太人太狡猾等等。

納粹非常謹慎，知道必須在宣傳中強調猶太人不值得可憐：別看猶太人人數少少，他們其實是一股勢力龐大的危險力量。一旦把這個想像出來的敵人刻劃得力量巨大又冷血無情之後，一切剷除他們的方法都會變得具有正當性。

人類出於天性會憐憫孤立無援的人，但這種人類同情心在納粹德國卻派不上用場，因為接受多年洗腦下來，德國人已經深信猶太人不是孤立無援，而是一群冷血無情的妖魔，若是不先把他們的頭砍下，他們就會露出猙獰面目，張口噬人。

更匪夷所思的是，當事實證明納粹宣傳機器製造出來的猶太人形象毫無根據，而所謂的「國際猶太陰謀」對德國也毫無半點威脅之後，希特勒、戈培爾（Goebbels）和希姆萊（Himmler）還是繼續以恐怖和謀殺手段進行統治。

事實上，德國猶太人一直馴服得像綿羊，直至死在集中營為止都未流露過「猙獰妖魔面目」。

（順道一說，時至今日，那些佔據城市廣場反對以色列的示威者所喊的口號並不是「懲罰以色列」或「審判戰犯」，甚至不是「處死納坦雅胡」，而是「夷平以色列」——只有殺光猶太人方能消去他們心頭之恨。）

值得注意的是，希特勒指控猶太人陰謀控制全世界這一點，正好洩露出他本人的內心渴望，而這渴望一度把人類推向了毀滅邊緣。這不就印證了史賓格勒所說的，反猶太主義乃是把內在的緊張轉移到一個外在的對象上面嗎？

對反猶太主義最知名又最惡毒的範例做過深入分析之後，我們不能不做出的結論便是，反猶太主義最常見的特徵包括：本質上矛盾、東拉西扯、不合邏輯地以一竿子打翻一船人。

反猶太主義與恨其他族群之不同

一比較人們對猶太人的恨和對吉卜賽人的恨，馬上會看出一般大眾對這兩者觀感截然不同。他們招惹的恨意可凸顯出這兩個被挑出來恨的族群之間有何不同。

吉卜賽人因為自成一個小圈子，很容易會讓人以為（不管是錯誤的或有道理的）是危險人物，除滿身跳蚤外還會綁架小孩和幹各種壞事。與此不同，猶太人（至少是二次大戰前的德國猶太人）對主流社會構成挑戰，則正是因為他們融入了主流生活，表現出最高的創造力和交出最漂亮的研究成果。儘管如此，他們又始終保持獨自的身分：他們是猶太人。

至於「恐伊斯蘭症」（這種恐懼症在歐洲和美國特別盛行），德國律師費伯（Klaus Faber）在《耶路撒冷郵報》寫過一篇深有見地的文章。他指出，總的而言，「恐伊斯蘭症」幾乎是伊斯蘭恐怖主義直接導致：這些恐怖份子雖然是少數人，卻讓西方的集體意識對穆斯林整體產生恐懼。所以，「恐伊斯蘭症」與反猶太主義毫無相似之處。

Chapter 8

弱者生存

The weak one survives

生存

歷史最多災多難民族的生存奇蹟

在主講「何謂猶太人」課程時，我通常會用以下這個類似兒童魔幻故事的寓言揭開序幕：

在某座一望無際的森林裡，年長一輩的樹每晚都會給年幼的樹講一個睡前故事。他們指出，這故事是他們從比他們年長的樹那裡聽來，後者又是從比他們更年長一輩的樹聽來。

年長的樹這樣告訴年幼的樹：「你們曉得，咱們森林裡有許許多多不同的樹：有不同品種的樹，有不同季節的樹；有高大的樹，有矮小的樹；有強壯的樹，有弱小的樹；有漂亮的樹，有醜陋的樹。他們唯一共同處是總有一天會凋謝，重歸塵土，分別只是有些快些，有些晚些。」

這時，年長的樹放低聲調，像是訴說祕密：「然而，在這眾多的樹之中卻有一棵非常奇特，他異常瘦弱，卻具有一個其他樹所沒有的特點：不凋。」

「他是唯一會永遠生長的樹。」

這話讓年幼一輩的樹不勝驚異。

老樹慈祥看了他的後代一眼，說道：「讓我來講述這棵神奇樹的故事。」

「有一天，森林裡的樹木匆匆舉行集會，討論要如何改善所有樹木的生命品質。最終大家得出結論：他們必須找那棵不凋的樹談談，從他的強項借點益處。」

「聽著，」眾樹對那棵不凋之樹說，「雖然你永不凋謝，但你得承認，身體瘦弱是你一大隱患。你又軟又小，只要伐木工來到森林，你會第一個命喪斧斤。所以，我們要向你提出一個合作建議：由你來貢獻一根樹幹，由我們來貢獻一根樹枝，讓兩者嫁接在一起，創造出一種新的樹種。新樹種將會強壯如櫟樹和雪松，又會像你一樣永不凋謝。你答應嗎？」

小樹考慮了片刻才回答說：「對不起，我不能接受你們的建議。我很抱歉。」

眾樹不解地問：「為什麼呢？你顧慮些什麼？」

小樹又思考了片刻：「我的弟兄們，我並不知道原因。但我覺得主人會把我們種在這裡，是希望樹林有各式各樣的樹木，有些強壯如雪松，有些軟弱如我。我不能不管他的意旨而照你們的想法去做。」

眾樹散去，臨走前悻悻然說了一句：「那一天總會來臨的！」

那一天比預期還快來到。夏天快結束時，一群國王的伐木工來到森林，要為皇宮砍伐取暖用的柴薪。他們每人都必須把定額樹幹帶回交差。

伐木工出盡力氣去砍最粗壯的樹木，因為它們的樹幹最好生火。然而，它們太粗壯了，伐木人賣力工作，滿身大汗，卻連一根樹幹都砍不下來。

眼見太陽即將下山，伐木工看著他們砍下的少量木柴，滿臉無奈。突然，一個伐木工看見那棵不凋之樹長在森林邊緣，又瘦又軟。他跑過去，用力砍伐，把一肚子火氣發洩在小樹身上。其他伐木工紛紛加入。

小樹被砍倒後，伐木工用樹椿生了個火，圍著火吃晚餐。待樹根完全燒焦，他們又在小樹原來的生長處撒上鹽巴。

樹林裡其他樹看著這可怕的一幕，面露愉快的微笑，又對彼此說：「他可不是我們害死的。」

「我們已經勸過他，是他自己不要的。也好，從今以後，森林裡再沒有不凋之樹。大家都是平等的了。」

一星期過去，兩星期過去，大森林對不凋樹之死已經安之若素。

然後，一天早上，當露珠從樹葉蒸發掉之後，眾樹突然發現，有一片綠色的小嫩葉從泥土裡長了出來。

那棵不凋之樹活過來了。

我們是怎樣做到的？

猶太民族的頑強生命力——一個綜觀

非洲部族布須曼人（Bushmen）住在荒野，靠著打獵和採集維生。幾千年來他們都是這樣過日子，幾乎完全沒改變過。

然而到了近年，他們的人口卻急速下降。原來，波札拿政府（大部分布須曼人都是住在波札拿境內）從十年前起不顧布須曼人的意願，硬要他們改過現代化生活。大批大批布須曼人被遷徙到市郊地區，迅速捲入現代化過程，變成了有姓名、地址和身分證字號的一般國民。

我們很難不同情布須曼人，他們因為政府的政治雄心而被迫放棄自己的土地和身分認同。不過，自從在接觸到西方文明後，非洲南部的布須曼人的人口便開始大肆萎縮，所以，他們的最後消失看來也是無可避免的。

事實上，隨著工業化和現代化遍及在每一個大洲，類似的過程也發生在大部分人類身上。現代化的大趨勢讓大部分人類不得不把科技和經濟演進整合到日常生活裡。

不過哪怕時至今日，還是有若干的族群努力保存自己的古老傳統。最知名的例子大概是阿米緒人（Amish）①，他們主要聚居在美國賓夕法尼亞州，是比較晚近才出現的一個社群。另外，還有歷史極悠久的澳洲原住民和新幾內亞的巴布亞族。

稍後我們會拿這些現代和古老的族群來與猶太人比較。

※

著名猶太歷史學家拜倫（Salo Wittmayer Baron）相信，研究猶太歷史必須使用與一般歷史研究相同的工具。他認為，猶太民族的歷史發展與歷史上其他文明的發展並無任何基本差異。在一篇寫於一九三九年（二次大戰爆發前一年）的文章裡，他指出：

> 現在已出現一種覺識：對猶太歷史的解釋並不一定要背離我們已接受為所有人類皆適用的一般歷史模式。

拜倫的這個意見有別於其他大部分歷史學家（他把其他歷史學家的方法貶稱為「嗚咽」，因為這些方法太強調猶太民族的獨特性）。

拜倫既是誕生在納粹大屠殺之前，又在納粹大屠殺之後活了許多年，自是有必要面對大屠殺對其史觀的挑戰。

不過，即便我們完全按照拜倫的方法（即把猶太歷史與世界歷史加以比較），仍然會輕易發現，猶太歷史的一大特徵乃是缺乏任何邏輯性，其發展總是出人意表。

難以置信

布須曼人幾千年來無風無浪，不曾遇到任何會逼使他們離開棲居地和失去原有身分認同的事件。但他們在遇到第一個挑戰之後便垮掉。

在美國，靠著政府的寬容態度和觀光客帶來的收人，阿米緒人得以繁榮興盛。西方文化支持的多元文化主義讓阿米緒人可以有一席容身之地。

但猶太民族能夠始終維持單一民族身分卻不那麼好理解，因為在在看來，各種加在這民族身上的不利因素早應把它打垮。

大離散：這是民族穩定性的最大殺手。任何民族若是被拆散，四散在地球不同角落而又沒有定期接觸，往往會迅速分裂，甚至各自創造出不同的新宗教。這種事在歷史上屢見不鮮。

但神奇的是，各個猶太人口中心雖然彼此距離遙遠甚至完全切斷聯繫，卻並未發生上述後果。哪怕這些不同地區的猶太人早已在不同程度融入所在地的文化，他們的本質卻從未改變。神聖典籍被原封不動地保存下來，而各種傳統也以驚人的精確程度代代相傳。

另外，以色列的建國和各地猶太人的重新匯聚都足以證明，不同地區的猶太人有著相同的

---

① 基督宗教再洗禮派門諾會的一個分支，以拒絕汽車及電力等現代設施，過著簡樸的生活而聞名。

宗教與民族認同。來自白俄羅斯和葉門的猶太人能在一代人時間便迅速融入以色列國，見證著他們從沒有認為自己與其他猶太人有本質上的分別。

這現象和美國的「大熔爐」現象有一根本不同。美國可以把來自不同地方的移民熔鑄為單一民族，是因為它讓這些移民甘願丟棄原有的民族認同，反觀在以色列，來自不同文化的猶太人能夠熔鑄在一起，則是靠他們原有的猶太身分認同。

放逐與流浪：想要加速一個民族的解體，加劇它的文化和道德倒退，沒有方法比驅使它流浪更有效。當一個人必須全神投入於尋找食物和遮風蔽雨住處之時，他最不會關心的便是精神層面的事情。在此情況下，部分或完全的接受同化和集體的身分遺忘幾乎在所難免。

想想看，當一個流浪的猶太人要前往天涯海角找到遮風蔽雨的落腳處，他能為自己（更遑論是為兒女）保存住本族文化傳統的機會有多少？

人們喜歡把猶太人與吉卜賽人相提並論，因為兩者都是老被驅逐和被迫害的流浪民族。然而，他們其實大大不同。因為吉卜賽人的道德倒退固然是流浪生活所導致，但猶太人卻總是把教育和文化放在關心首位，哪怕犧牲部分的基本生存需要亦在所不惜。今天，吉卜賽人被視為一個有需要趕上現代化列車的落後民族，反觀猶太人卻毫無疑問是這班列車的重要打造者。

意見分歧：「每兩個猶太人便會有三種意見」是一句知名猶太諺語。它足以推翻一個刻板印象：猶太人是一個謙卑、順服的民族，總是毫不質疑地追隨一位領袖。正好相反，因為思想敏銳和個性獨立，猶太人對什麼問題都有自己的意見，乃至往往在重大爭論的兩造都有猶太人扮演顯著角色。正因此，綜觀歷史，猶太人內部因為意見不同而引發內戰的情形屢見不鮮。

古時候，不同猶太支派之間的暴力衝突導致了蹂躪和投降。在第二聖殿時期的耶路撒冷，不同派別之間的爭執帶來了饑饉，最後更帶來了聖殿的毀滅：「短刀黨」（Sikrakim）毫不遲疑殺死持敵對意見的國人，又放火燒掉糧倉，迫使其他一同被大軍圍困在耶路撒冷的猶太人不得不拚命戰鬥。

其他時候，猶太人之間的和諧只會被有關權力和商業的爭論稍微損害。不過，在更後來的世代，黨同伐異的趨勢達到了巔峰。工業革命、科學革命和解放運動在猶太人之間製造出新的緊張關係：非信徒把他們遵守律法的手足同胞視為古代遺物。

哈西德運動（Chassidic movement）把歐洲猶太人分裂為兩大陣營，彼此互不通婚，也幾乎毫不接觸。一如以往，猶太人之間繼續爭吵：匈牙利的猶太人與波蘭的猶太人吵，貧窮的猶太人與富有的猶太人吵，受過高等教育的猶太人與商人階級的猶太人吵。

但這些分裂無一讓猶太民族不自視為單一民族，不妨礙每個猶太人多多少少把其他猶太人視為同胞手足。基本的猶太手足情誼凌駕於一切爭吵之上。而這種現象有不少是拜反猶太主義者之賜：他們不認為不同類型的猶太人之間有任何差別可言。

不管是住在特拉維夫的世俗化市民，還是住在貝內貝拉克（Bnei Brak）並蓄虯髯的哈西德派猶太人，兩者的生活方式雖然天差地遠，人生觀毫無交集可言，但他們仍視彼此為同胞手足。

生活艱苦：這是猶太民族要維持民族統一的最大挑戰之一，卻少有人提及。

在古代，要當猶太人幾乎是不可能的任務，有時還相當危險。除了要應付一個有敵意的政府，當猶太人還意味著一生得做出許多個人犧牲。一般來說，人的決心總是經不起時間和困難的考驗。就像許多減肥失敗和戒菸失敗的人所證明的，要在長時間保持意志力極為艱難。然而，綜觀大部分時期，猶太人（即使是沒有受過教育的）顯示出他們具有非常傑出的精神毅力和律己能力。

今天，我們已習慣把大量時間花在休閒。但在過去，休閒並不是猶太人的選項。為求果腹，他們得把每天大部分時間用於工作。其時，衛生環境尚未達到基本水平，而牙痛和視力變差是每個人的必然宿命。

然而，猶太人除必須花時間維持生計以外，還得抽時間保存律法，這對他們的人生構成了雙倍挑戰。正因為倔強堅持維持精神層面的生活，猶太民族（做為有教養和有文化的民族）得以存續下去。

改信他教的壓力：基督宗教和伊斯蘭的急速崛起帶來了幾百個古代宗教的消失，不留下一絲痕跡，情形類似於大型連鎖超商讓地方性小雜貨店一一消失。但猶太人的頑強性最後卻挺住了希臘化帝國的宗教迫害、十字軍的野蠻殺戮、穆罕默德的聖戰、宗教裁判所的火刑柱、馬丁．路德的屠殺恐嚇和數以百計的其他屠殺。猶太教也挺過了無數非暴力性的改教壓力。不管是做為個人或群體，猶太人在寄人籬下生活中都必然面臨改教壓力。

解放運動、世俗化教育、現代性與世俗主義：諷刺的是，基督宗教會歷經多個世紀用盡威逼手段未能得逞的目的，卻被解放運動（它許諾個人自由與平等）輕易達成。有超過人口一半的猶太人在這波解放浪潮中失去民族認同。同化繼續在減少世界各地猶太人的數目，其威力與歷史上的多次種族清洗不相上下。

然而，儘管猶太人天真地以為所有人都會像他們那樣熱烈擁抱自由平等，歷史悠久的反猶太主義卻老是常常露出它的猙獰臉孔。為了輸誠效忠，猶太人忙不迭擁抱新的社會價值觀，自願放棄最基本的猶太教原則，但到頭來總是發現，基本的遊戲規則並未改變。

同一種讓人心痛的天真也見於那些相信其他民族願意平等對待他們的猶太人。這現象在以色列政府的政治和軍事行動中特別明顯：它一次又一次發現，自己受到雙重標準對待。歐洲人和美國人被容許去做的事，以色列人卻受到嚴格禁止。到頭來，以色列是唯一遵守遊戲規則的人，哪怕它的處境艱難得匪夷所思。

※

過去幾世紀席捲歐洲的科學和文化革命並沒把猶太人丟在後頭。正好相反，猶太人是最先加入這些趨勢的人群之一。革命性觀念讓「宗教」甚至「民族」顯得多餘，甚至荒謬，但其後出現的民族主義浪潮證明了當初為「民族」觀念唱輓歌的人實在是唱得太早，只可惜，有許多猶太人早已急匆匆改變自己的身分認同，變成是世界主義者。

由於宗教是歷史上保護猶太人做為單一民族的唯一力量，種種非宗教性猶太身分認同的出現可說是一大威脅。雖然今日有人認為猶太認同是靠一個獨立的猶太國家維繫，但這個假設值得再檢討，因為超過一半以上的猶太人仍然是住在以色列之外。

滅絕：如果猶太民族一直是活在最佳環境之中，本來有可能成為世界人口最多的民族之一。但這就是猶太民族的一個弔詭：他們從不會完全消失，但人數又從不會達到關鍵門檻，成為一個大國。有鑑於他們已經存在了幾千年，這不能不說是件奇事。

在歷史上，死於戰爭、屠殺和蹂躪的猶太人不計其數。納粹大屠殺只不過是消滅猶太人最精密和最大規模的計畫。按常理，猶太民族早應從地球表面消失，但出於什麼理由，這種事並未發生。

猶太理念的守恆法則

一份猶太「極端正統派」的報紙登出啟事，邀請「切爾霍經學院」（Chevron Yeshiva）的畢業生參加一個盛大的校友聚會，以紀念「斯拉波特卡經學院」（Slabodka Yeshiva）成立一百三十週年紀念。

在創建之時，這所經學院位於立陶宛，如今則是位於以色列。在立陶宛，它是使用意第緒語教學，過去幾十年改為希伯來文。在立陶宛，它的名稱是「斯拉波特卡經學院」，在以色列則改稱為「切爾霍經學院」，因為它的所在地乃是以色列城市切爾霍。無庸說，沒有任何「切爾霍經學院」的學生曾在「斯拉波特卡經學院」上過課，也沒有任何「切爾霍經學院」教職員在「斯拉波特卡經學院」工作過。就連「切爾霍經學院」最資深一批成員也不曾在「斯拉波特卡經學院」待過。兩所經學院的時空和人事物皆有所不同。

那麼，位於耶路撒冷郊區末底改崗（Givat Mordechai）的那座巍峨建築和「斯拉波特卡經學院」有什麼關連性呢？有什麼隱藏著的線索可以連接這兩所外觀非常不同的教育機構？

答案：創立者的理念、它們研究《塔木德》的方法，以及某些無法界定但又完全具體可觸的傳承意識。

※

就此而言，「切爾霍經學院」乃是猶太理念守恆故事一個具體而微的例子。

藝術專家輕易可以判定一件作品是仿作還是從原作修復而成。一件修復過的作品哪怕大部分的材料都是新材料，仍然會被認為是原作，而不僅只是摹本。

同樣道理亦適用於今日被稱為猶太民族的那群人。

理論上，即便所有純正的猶太人都被改教者取代，這些改教者仍算是十足的猶太人。這一點固然在別的宗教也能成立，但猶太教，有一點卻是他教所無：哪怕所有猶太人都不再守律法，他們仍然是猶太人。這一點業已在上一世紀得到證明：當時有許多猶太人雖然不信教，但仍自視為猶太人，把猶太民族性視為一種身分認同。

這證明了一條重要原理：猶太教可以分別靠著宗教、種族或抽象理念的形式獲得保存。團結世界今日每個猶太人並不是共享的宗教生活方式，甚至不是任何具體可見的共通性。別的不說，他們至少沒有共同語言：幾乎每種最通行的語言都有猶太人使用，包括了英語、阿拉伯語、西班牙語、德語、法語、俄語，甚至漢語。又有極大量的猶太人不以希伯來語為母語。

猶太律法承認一個生而為猶太人的人即使不守律法，甚至公然自稱是無神論者，一樣算是猶太人。另一方面，根據猶太律法，即使一個人不是生而為猶太人，但只要他克盡宗教義務和接受改教儀式，一樣算是十足的猶太人。

猶太教到底是什麼？

在黎巴嫩，佔人口少數的基督徒與佔人口多數的穆斯林組成了一個聯合政府。雖然構成黎巴嫩人民和政府的各個派系在觀念和意見上大相逕庭，他們全都自視為黎巴嫩人。

在巴勒斯坦自治政府，居少數派的基督徒和居多數派的穆斯林互看不順眼，但仍然並肩作戰，對抗雙方的共同敵人：猶太國家以色列。他們把十字軍的歷史和宗教戰爭的宿怨拋到九霄雲外，把國族考量置於宗教考量之上，認定自己的最重要身分乃是國族身分：巴勒斯坦人。

在許多個案中，族群認同又會凌駕國族認同，讓國族中的少數派萌生分離主義，矢志爭取政治獨立。土耳其的庫德族、車臣的穆斯林、台灣人和若干非洲人皆是箇中例子。他們都是一個國族的一部分，但卻寧願用族群或宗教身分定義自己，不採國族定義。

二十世紀歷史最知名的例子是猶太人：不同的猶太人從世界不同角落匯聚，以便可以建立一個叫以色列的國家。這個突破性運動對十九世紀的民族主義浪潮具有極大的激勵作用。

猶太民族在歷經許多世代之後仍能維持單一民族，全靠猶太教許多不同成分之間的聯繫。有些民族能夠始終保持單一民族身分，靠的是在人數上佔大多數，或是維持著地理上的鄰接，但猶太人雖然分散各地，彼此幾乎毫無接觸，卻照樣能夠保持統一性。最讓人驚異的是，猶太民族的這種統一性已經維持了快兩千年。東歐各民族在共產主義統治期間固然仍能維持民族認同，但與猶太人相比，他們經歷的考驗時間極為短暫。

一個法國人何以是法國人？

我們習慣把住在法國和說法語的人稱為法國人。但法國境內不是有許多外來的穆斯林移民也符合上述兩個條件，卻拒絕被稱作法國人嗎？

所以，對於何謂法國人，我們必須再增加一個條件：他除了住在法國和說法與之外，還必須是深受法國文化薰陶。換言之，他的行為必須要能表現出某些法國文化的特徵（但這些特徵當然不是一成不變的，事實上，就像世界上大部分文化一樣，法國文化已經因為文化和社會革命而經歷過很大改變）。

就連勒龐（Jean-Marie Le Pen）這樣的一個主張把所有外國人趕出法國的政客都會同意，任何人只要父祖在法國住了五代、忠於法國和遵守它的文化，都有資格被稱為法國人。他們的祖父和曾祖父是來自何處又有什麼關係？

很大程度上，當法國人是一件與地理、文化有關的事情。同樣情形也適用於英國人。美國人當然也是如此。因為美國的民主原則是很多其他民族所分享，他們都樂於丟棄原有的身分認同，成為美國人。更何況，美國還發明了一個最大的公分母：美元。

猶太人的情形卻截然不同。在遭放逐的兩千年以來，他都背負著一個內容複雜的身分認同包袱，而這包袱裡的內容無一是他會同意拋棄的。他知道他是生而為猶太人，是古代猶太民族的繼承者。他心繫一片故土，內心始終忠於一個有共同目標和無比團結的族群。他是一個祕密兄弟會的一員，而這兄弟會同時具有一個運作良好的會社和一個國際組織的特徵。他服從猶太教的誡命，又謹守一種眾所周知的生活方式，一如英國人會表現出某種禮儀與說話方式。

更重要的是他永遠意識到，自己是猶太大家庭的一部分。「以色列的子女」是「猶太人」的同義詞，衍生自雅各（他在角力中贏過天使後改名「以色列」）。雅各有十二個兒子，其中之一是猶大，而他的名字後來成了整個民族的稱呼。「所有猶太人都是兄弟」這口號並不是一句空話，表達的是猶太人內心深處一種同命連根的感情。

正因覺得猶太人彼此有互助的責任，我們今天才會看到「猶太辦事處」（Jewish Agency）或「美國以色列公共事務委員會」這些組織。

總言之，宗教、國家、民族、文化和兄弟情誼都是猶太身分認同的一部分，但除此之外，還有一種觸摸不定的成分，不是上述的成分可以涵蓋。

猶太人的頑固與彈性

猶太民族的頑強生命力端賴一個弔詭，端賴兩個南轅北轍的相反元素。靠著把這兩個元素結合在一起，猶太民族才得以存活許多個世紀，直至今日。

猶太人如果不懂得盡量利用各種機會融入他們寄居的國家，就不可能生存下來。而想要迅速適應於新的文化和不斷改變的法律，便需要有彈性和迅速的反應能力。

由於在放逐期間的大部分時期，猶太人都被禁止從事體力勞動的工作，所以面臨著可能會餓肚子的處境。但猶太人卻能適應這些加諸他們的嚴格限制，成功在許許多多領域取得突破。需要是發明之母，而猶太人在猶太歷史的每個階段都幾乎有所創發。

在集體生活上，猶太人對人生的挑戰表現出一種健康方法，靠著一個詳盡猶太律法系統

（哈拉哈）所提供的答案面對各種困難的日常處境。猶太人從不會把頭埋在沙堆裡。哈拉哈典籍對日常生活可能遇到的各種情況（哪怕是最極端的情況）皆有所探討。

猶太教不反對猶太人用醫學和各種技術來改善生活品質。猶太教並不鼓勵唯美主義或走極端的生活方式。《妥拉》除了設法指導和規範宗教生活，還設法指導和規範人際互動的各方各面（包括所有金錢事務），可說照顧到人類生活的每個方面。這是猶太教重實際的非凡例子。

另一方面，《聖經》又形容猶太人是個「硬頸的民族」，而這一點在歷史上一再得到證明。猶太人一個特別突出之處在於隨時準備好為理念犧牲生命。

由於在很多情況中，拋棄這些理念都意味著背棄猶太教，所以，他們可說是為了保持猶太教的完整而捨生。如果猶太人曾經屈服於許多誘惑或迫使他們背棄本教的企圖，那他們早就像許多其他部族和民族那樣，被吸納到一個更大宗教（伊斯蘭教或基督宗教）。許多古代文化今日已不留下一絲痕跡，反觀猶太教卻繼續存在，是一個無可比擬的實體。

猶太人的頑固還表現在不管要付出任何代價，也不肯在最低程度上改變習俗。

看來，正是這種頑固性格把猶太人的靈魂鍛鑄至一種即便面對滅絕的威脅仍不為所動的程度。那些為猶太教捨命的猶太人並沒有白白犧牲：他們除了得到來生的福分以外，也為一代又一代的後代子孫鋪平了坦途。猶太人面對過這種「忠誠測試」無數次——有些還是發生在最近代。

那些納粹大屠殺期間寧願被殺而不願出賣同胞的猶太人是十字軍東征期間捨身的猶太人真正後裔。伊蘭（Uri Ilan）也是這樣的猶太人：被俘虜之後，他寧可上吊身亡也不肯透露會危害其他以色列同胞的情報。埃勒巴茲（Natan Elbaz）和克萊因（Roy Klein）也證明他們具有為神聖原則而殉身的猶太勇氣：看見有手榴彈扔過來，這兩位以色列士兵奮不顧身用身體把手榴彈蓋住，以免其他同袍受傷害。

綜上所述，猶太教之所以能夠存續至今，除了是因為猶太人具有非凡的求生能力，還因為他們有時會願意捨生以確保本文化的賡續。

世人怎麼看猶太現象

外邦名人說過些什麼

許多非常著名的外邦人都對猶太現象有過談論。除托爾斯泰、馬克吐溫、帕斯卡（Pascal）以外，還有無數外邦名人注意到猶太現象非比尋常，曾給予它不同稱呼和提出各自的觀點。

人看法。

奧地利樞機主教克茲勒（Kertzel）曾特別接受本書作者訪談，就本書涉及的好些主題發表個人看法。

克茲勒是位智慧圓熟的老者，天主教會最高階的成員之一，非常博學多聞。他對猶太典籍表現出驚人的精通。

當我問他是否認為猶太人會如此成功，與猶太人的某些特殊性有關時，他給予了肯定的答案。「當然，畢竟耶穌就是猶太人。猶太人有著爭取成功的特殊能力，特別是在資訊和技術兩方面。他們在很多領域都居於先驅地位。」

你認為猶太人的成功是有原因的嗎？

「沒有任何可見的理由。但明顯的是上帝愛猶太人。也許與基因有關。他們具有一種特殊智慧，有一點點叛逆性格。」

依你看，猶太民族能夠歷百千劫仍然存續下來，靠的是什麼祕訣？

猶太人經歷過無數次的迫害和強迫改教的壓力，但至今仍然生活在世界各地，也仍然能對世界發揮影響。儘管困難重重，他們許多人仍然堅守傳統。這是怎麼做到的？

「猶太人具有強大的求生機制和傳統。例如，在逾越節的晚上，看到第四個兒子不知道該問什麼問題②，猶太人便說：『讓我們來教他問吧！』猶太教有著『答問』的機制，有著各種節日。他們能夠守住傳統，也因此能夠存活下來。」

依你的看法，基督宗教和猶太教現階段的相處情況如何？

「處於一種非常良好的關係。不過，在前一位教宗任內，即若望・保祿任內，兩者的關係還要更強。不過這關係今天仍然非常良好。在伊斯蘭教極端主義為患整個自由世界的今天，這種關係特別重要。」

「也許，我們特別應該做的是去強化與伊斯蘭教非極端主義者的關係，因為他們相信，和平共存與宗教共存是可能的。這或許可以大大有助於改善國際恐怖主義。」

※

② 《妥拉》裡有一則故事，說是在逾越節的家宴上，一個父親要四個兒子各問一個問題，但第四個兒子因為頭腦簡單，想不出要問什麼問題。

古巴前總統卡斯楚接受《大西洋》雜誌訪談時指出，猶太人能夠維繫民族生存長達兩千年，是文化與宗教之功。

雖然古巴與以色列並無邦交，卡斯楚仍清楚指出：「毫無疑問，以色列有權生存下去。」

「猶太人被迫害了兩千多年，經歷過各種大小屠殺，照常理早應從地球表面消失。但他們的宗教卻把他們凝聚在一起，最終建立起一個國家。他們碰過極大麻煩，比我們曾經碰過的要大許多。也沒有任何災難的規模可與納粹大屠殺相比。」

「我不知道有哪個民族比猶太人受到更大的鄙視。他們受到的詆毀尤甚於穆斯林。各種罪名全安在他們頭上，但穆斯林卻沒受過任何指控。」

「我還是小孩的時候，班上的朋友告訴我，是猶太人殺死耶穌。我當時完全不知道什麼是猶太人。這名字聽起來就像一種叫『知咕』的鳥。我以為猶太人就是這種鳥。所以說，世人對猶太人的了解無知得厲害。」

Chapter 9

猶太火點

The Spark of Jewishness

世俗的猶太身分認同：真有這回事嗎？

拉皮德（Tommy Lapid）①是世俗化猶太人的典型，從不諱言自己是無神論者。在反對「極端正統派」的以色列人當中，很少有像拉皮德那樣立場鮮明。

然而，拉皮德又是歷來最純正和最滿腔熱情的猶太人。他具有清晰分明的猶太意識，比許多信教的猶太人更著意自己的猶太身分。他年輕時代因為這種意識而在布達佩斯的隔都（ghetto）吃盡苦頭，長大後又以最不傳統的方式在世界各地代表猶太人發言，充滿決心和自豪感。

接受網站 Mako 訪談時，拉皮德表示：「弔詭的是，雖然我不信教，我卻有著深刻的猶太意識，是猶太天命（Jewish destiny）的積極參與者。既然我以猶太人身分經歷過納粹大屠殺，便絕不可能改變我的宗教。」

他與以色列國會議員加夫尼（Moshe Gafni）拉比在其他事情上雖然意見分歧，但兩人卻攜手推動通過一項立法：該法令例禁止誘使別人改教。他從不以自己的猶太成分為恥，反而大肆宣揚這種身分，而且明顯樂在其中。

在上述的訪談中，他又提到，他是在納粹大屠殺期間失去信仰。他說如果可能，他希望穿越時空回到過去，見證摩西在西奈山打碎兩塊十誡石板的情景，以及見證法國大革命和其他重大的歷史事件。

他妙語如珠，說話辛辣，無論是才華、機智、雄心、事業成就和絕不妥協的決心都讓他鶴立雞群。

他除了與極端正統派戰鬥，也與同化主義者戰鬥，態度同樣是堅決無比，而且是出之以最猶太色彩的方法。如果他的異議精神不是來自西奈山，這種最知名的猶太特徵又會源於何處？為什麼拉皮德會如此看重自己的猶太身分認同？這是個謎。

另外還有許多世俗化猶太人就像拉皮德一樣，完全不遵守律法，但仍然堅稱自己不只是以色列人，還是猶太人，並以身為猶太人自豪。

作家卡紐克（Yoram Kaniok）在一篇文章中抱怨拉比組織因為他太太不是猶太人而不承認他兒子和孫子為猶太人。這番話值得一讀：

根據哈拉哈律法，他們的兒子（◎編者註：「他們」是指卡紐克的父母：他媽媽是外邦人）可以是猶太人，但他的兒子卻不可以是猶太人，因為他媽媽和祖母都不是猶太人。……我嫉妒進步的美國猶太教，因為它允許別人當猶太人。我堅持當猶太人，猶

---

① 拉皮德（Tommy Lapid, 1931-2008）：廣播和電視節目主持人，新聞工作者，國會議員，夏龍政府任內的副總理與司法部長。

太教對我非常重要。

卡紐克雖然不信教，甚至選擇與一個非猶太女性（她不願意改變信仰）結為命運共同體，但仍然認為猶太人身分不只對他本人非常重要，還對他的兒孫非常重要。

他不滿意兒孫只能靠著《回歸法》的保障才能登記為以色列人和有權定居以色列，渴望兒孫會被猶太宗教當局承認是**不折不扣**的猶太人。

以色列法官科恩（Chaim Cohen）年輕時是遵守律法的教徒，還是經學院學生，但後來出於哲學理由而拋棄信仰，不再相信有造物主。他的固執還表現在堅決要娶一位離過婚的女人為妻：根據哈拉哈律法，這是不允許的，因為科恩是個「祭司」（Cohen）。

但這一切毫不妨礙他熱情地根據希伯來傳統建立司法制度。他深知猶太文化遺產的無比重要性，努力把它的許多成分整合到以色列的公眾生活中。

雖然鐵了心要娶一個離過婚的女人，但他還是設法先卸去「祭司」的身分，而他採取的方法是動手術把小指切除。這當然是個不少的犧牲。

科恩著有《當個猶太人》（*To be a Jew*）一書。這書的書名足以道出其內容：科恩在書中詳細解釋，要如何才能在建立一種不必以宗教為基礎的猶太人身分認同。

※

自以色列建國以降，許多人都嘗試過要界定何謂「世俗化猶太人」。檢視那些談論這問題的書本和文章（共兩位數）可顯示它們的作者需要面對一個兩難式：怎樣抽去猶太教的精神內涵而又不致完全把它丟棄。

在上文提過的《當個猶太人》一書的序言裡，編者加比宗（Ruth Gabizon）寫道：

> 仍然不清楚的是，世俗人士是否有能力把一種有意義的「猶太身分認同」賦予他們的孩子。原因之一在於，這種身分認同的核心內容為何，以及何以值得或應該努力去保持這種身分認同，並不清楚。

新聞工作者梅察夫（David Merchav）在他的部落格 Motar Haruach 裡對這種身分認同所面對的難題有清楚說明：

> 為什麼猶太人的生活方式、創造性和教育可以提供他們一種猶太人身分而不是別的身分（比方說以色列人身分或希伯來人身分）？
>
> 基本難題在於……是什麼公分母讓他們的身分變得獨一無二。是什麼把世俗猶太人給聯合起來的？難道普通的人文主義可以稱為一種猶太物事嗎？

早在一九五八年，當人們就有關「誰是猶太人」的立法發生爭論和意見分歧時，以色列首任總理本－古里安（David Ben-Gurion）便意識到，若是不以宗教為基準，猶太人身分將會極難界定。

他決定向世界各地五十個猶太哲學家和知識份子請教答案。他問這些「以色列賢哲」，那些只有父親一方是猶太人的小孩是否夠資格稱為猶太人。這個問題的答案意義十分深遠，不只關係到這些小孩是否可登記為猶太人的技術性問題。但本－古里安得到的答案極為紛歧，後來他把它們收錄在一本書裡，發行出版。

時至今日，這問題繼續困擾著幾乎每個想把自己界定為猶太人的世俗人士。基於某些理由，這些人全都不能滿足於僅僅當個「以色列人」。

在在看來，這種頑固地繼續要當猶太人的心態，本身便是一種猶太色彩十足的物事。顯然，即便是最死硬的無神論者，仍不準備放棄身上的猶太火點（Jewish spark）。

※

為了更好理解這現象，「猶太靈魂認同學院」決定請教一位知名的世俗化知識份子（他宣稱自己是個完全的猶太人），問問他，這種身分認同對他來說意義何在。

被選中的人是以色列知名記者暨作家拉皮德（Yair Lapid）。他會被選中，除了因為他是「世俗化猶太人」的忠實典範，還因為他父親（上述提過那位②）說過的許多話都把這種身分認同所包含的尖銳矛盾給清楚顯示出來。

我們向拉皮德提出了一批問題，請他作答，他把答案刊登在《新消息報》（*Yediot Achronot*）。《新消息報》是以色列發行量最大的報紙，拉皮德每星期都為該報寫一篇專欄。他提供的答案非常引人入勝，也充滿知性挑戰。雖然我們不能完全同意他的見解，但它們仍然代表著有原創性和嚴肅的個人立場。

以下是皮拉德論點的核心部分（原文照登）：

反猶太主義何以至今還存在？

反猶太主義只是冰山一角，反映的是一種更泛見的仇恨：恨非我族類。有很大比例的人群都是透過與自身不同的人群得到自我界定。這種現象在瀕臨解體的社會特別常見，因為它們需要找出東西把自己重新凝聚起來（一九三〇年代的德國當然是箇中的顯著例子）。

歐洲不只是文化的搖籃，也是反猶太主義搖籃。這是因為，在許多歐洲社會，猶

---

② 指本章一開始談到的 Tommy Lapid。

太人是「最靠近的他者」（the Closest Other），故而受到的仇視也格外強烈。猶太哲學家阿多諾（Theodor Adorainu）說過：「反猶太主義不外就是有關猶太人的謠言。」

現代猶太人常常抱怨：「我們與世界其他人並無不同，所以恨我們是沒道理的。」在我看來，這是個大有問題的主張。我們猶太人其實是不同的：我們看世界的方式不同，我們的才智不同，我們的自我定義不同。我們必須認清楚這一點，並據此提出一個主張：「我們有別於其他人的事實並不代表別人有權殺我們。」另外，這主張也適用於我們對待住在我們旁邊的「他者」的方式。

為什麼猶太人身分對世俗化猶太人甚至無神論者（令尊生前便是個好例子）都那麼重要？他們為什麼不能只以當個以色列人為滿足？

在我看來，這問題本身是有問題的。我們不可能「只以當個以色列人為滿足」，因為「當個以色列人」就必然要以一種純正的方式納入猶太教。猶太教不僅只是一種宗教，並且是一種文化、一種文明、一組基因、一種生活方式和一種天命（destiny）。正如赫茨爾（Benjamin Zev Herzl）說過：「我們不是想要把他們從家園連根拔起，而是想把他們連著根部，移植到一片更適合的土地。」

別人有時會問我：「不信上帝的人怎麼可能是猶太人？」在我看來，這問題是可笑的。信仰上帝不可能是理性的。它只是一種情緒，一種純粹的感情。順道一說，我有時會感覺到這種感情。我父親沒有這種感情，但他卻是比我更好的猶太人。

現代世界還有讓一種稱為「猶太人」的身分存在的空間嗎？一個抹去任何身分認同（包括猶太人身分）的世界不是更完美嗎？

那要看你是如何定義理想世界。依我之見，理想世界是一個人人都有身分認同的世界。我們是一種難民文化和一套偉大神話（從摩西到以撒．辛格筆下的「奴隸」）的一部分。因為沒有身分認同，不啻是活在地獄。

過去一百年來的西方文化都是一則追求身分認同的故事。西方人會跑去印度覲見大師（Guru），會買自己擁護那支球隊的球衣，會三十年如一日地去同一家酒吧喝酒（那裡的酒保認識他們），理由就在此。這是一個通訊的世界，快速而破碎的世界。但它也是個人人都在尋找連結的世界。

網路世代都喜歡在「社群網站」瞎逛，喜歡到「論壇」（forum）聊天，卻不知道Forum一詞原指古羅馬的城市廣場。他們製作自己的「首頁」（Home pages）。這種新文化的一切其實都是為了滿足一種發自心坎的古老需要，是想要找到連結，從而定義自己是誰。我因為是個猶太人，所以一切連結早已為我準備好。你怎麼能指望我放棄它？

一種不包含宗教成分的猶太身分認同要如何表述？

這個問題同樣是誤人視聽。宗教並沒有表述出猶太身分認同，而只是這種身分的實際面向。宗教是一種表述方式，但全然不是業已存在的猶太人身分的唯一表述方式。不信教的人可以採取其他途徑：例如選擇生活在以色列、從軍或只是努力當個更善良的人。

為什麼擁有一個獨立國家對猶太人那麼重要？美國的猶太人不也沒有受到迫害嗎？如果我們使用美元作為國幣和宣布成為美國的第五十一州，又有什麼不好？

我想用猶太人的方式回答這個問題，也就是以問答問：為什麼人應該生育小孩？如果我不是有三個小孩，就會較寬裕、較自由，也用不著每年八月都要到游泳池去。我不想批評那些決定不生小孩的人，但我自己無法想像一個沒有小孩的人生，也毫不懷疑我的人生因而更完整。

人不只是他們思想的總和，而是複雜許多的生物。有兩千年時間，我們都寄人籬下。我們有些東道主要大方些（例如美國），有些要小氣些（例如德國和波蘭）。不過，因為受夠了寄人籬下的滋味，我們建立了以色列國。

寄人籬下的生活讓我們總是要不斷自問：我是個美國人多些還是猶太人多些？但以色列國的存在讓我不用再左右為難。我是以色列人乃因為我是猶太人，而我是猶太人乃因為我是以色列人。以色列國讓我變得完整。像我這樣的人一度被稱為「錫安主義者」。

※

拉皮德這番意見顯示出他有一個明晰的世界觀，但這並不代表他的觀點無瑕疵可尋。拉皮德被問到何以反猶太主義至今仍然存在。歷來許多猶太人和非猶太人都曾設法解釋這現象，但他們提出的見解無一經得起時間考驗。錫安主義的倡導者相信，只要建立起一個獨立的猶太人國家，反猶太主義自會永遠消失。

但為什麼結果不是那樣？

回顧歷史，我們會發現，猶太人從一開始便明白，不管自己身在何處，都會碰到反猶太主義。不管是事業非常成功還是窮哈哈和飽受命運煎熬的猶太人，一樣會遭人仇視。前面談反猶太主義的章節便曾經指出過，要給這奇怪的現象提供一個理性解釋非常困難。

以下是一則我親身經歷的小故事：

許久以前，我開車行經奧地利一處偏遠山區，途中在加油站停下來休息。我喝了點東西提神。一對年老夫妻向我走近，問我是不是猶太人。

聽我回答「是」，他們對我發生興趣，問我住在哪裡和其他問題。

短暫交談後，他們請我容許他們問我另一個問題。他們會這麼謹慎，是因為那個問題「可能會引起一點尷尬。」

我請他們不必忌諱，說我樂於回答任何問題。

他們的問題讓我傻眼：「猶太人真的是大多生性邪惡和仇恨每個非猶太人嗎？」

我身體微微顫抖，問他們是從哪裡得到這種印象。

原來，小時候，學校老師告訴他們，猶太人是邪惡的化身。

彼此更了解之後，老夫妻鼓起勇氣向我道歉，承認學校教的那一套完全是錯的。

我並不滿意，進一步追問，他們認為反猶太主義為什麼會存在。他們思考良久，才回答說想不出理由何在。

※

我舉這個例子，是想要說明，反猶太主義真是一種非常根深柢固和最難解釋的現象。

真正重要的問題是：為什麼拉皮德之類的世俗化猶太人把猶太人身分看得那麼重要？為什

麼其他民族的人滿足於自己的國籍，而猶太人則希望自己不只被看成以色列人，還被看成猶太人？

拉皮德主張這問題本身是有問題的，因為在他看來，猶太人身分和以色列人身分乃是一而二、二而一。信仰在他眼中純然是一種情感，有些人會感受到，另一些人則不會感受到。

但我個人相信，這種渴望當猶太人的心理，乃是每個猶太人心裡都隱藏著「猶太火點」的見證，哪怕他們沒有宗教信仰，一樣無法放棄自己的猶太身分。

※

我們問拉皮德的第二個問題是：對許多世俗猶太人如此重要的猶太身分認同，不是一個充滿衝突和部落色彩的世界遺物嗎？在一個理想世界裡，我們不是應該放棄猶太身分認同，去建立一個沒有國界、沒有地位高下，沒有他群我群之分的大同世界嗎？我們又問拉皮德，一種沒有宗教成分的猶太身分認同要如何表述？

他的回答見解深刻而基本正確：理想世界應該是個人人都有身分認同的世界。

我們本來可以完全同意他的見解，問題是他又認為宗教信仰只是其中一種表現猶太身分認同的方式。拉皮德指出：「不信教的人可以採取其他途徑：例如說選擇生活在以色列、從軍或只是努力當個更善良的人。」

這個回答讓人納悶之處在於：以色列住著數以十萬計的非猶太人，他們有些也在從軍，有些也在努力當個更善良的人，但難道這些人會在從軍期間感受到心裡的「猶太火點」嗎？拉皮德真的認為對猶太人這樣模糊的定義是足夠的嗎？

拉皮德被問到的最後一個問題甚至對他自己的世界觀構成挑戰。為什麼擁有一個獨立國家對猶太人那麼重要？美國的猶太人不也沒有受到迫害嗎？如果我們採納美元為國幣，宣布成為美國的第五十一州，又有什麼不好？

事實上，渴望一個獨立國家不只是出於民族主義情緒。猶太人會有一種分離的渴望（包括宗教上、民族上和社會上的分離），乃是源自一種認知：猶太教有其獨一無二的使命。

一個人是可能「感受」到以色列國是他的家園卻沒認識到這感覺是以某種天命為基礎。真正的「錫安主義者」是這樣一種人：他不只會感覺到以色列是他身體和情感上的家園，還會感覺到它是一個屬靈民族的屬靈家園。

Chapter 10

感謝主沒把我造為外邦人*

Who did not create me a Gentile

* 語出《塔木德》

當個猶太人

以下故事是我從「阿拉奇姆」（Arachim）組織的講師列維（Aaron Levy）拉比那裡聽來：

兩個以色列士兵在黎巴嫩的前線單位服役五年之後獲得長假。他們筋疲力竭，決定前往蘇格蘭旅行，好好散散心。當時，稱為「加利利和平行動」的戰爭剛結束，而蘇格蘭是以色列遊客的熱門去處，因為該處比「古典歐洲」更原始粗獷。

蘇格蘭的平原回應了兩位以色列士兵的「心靈需要」，讓他們可以把一切拋諸腦後，獲得放鬆和遺忘。

他們在蘇格蘭停留了一整年，參觀了各處景點、修道院和漂亮教堂。他們的足跡涵蓋整個蘇格蘭，東西南北無不去遍。

收到家裡寄來的信件和照片之後，他們覺得該是回以色列去的時候了。他們站在公路邊，要招一輛順風車前往機場。最後，一輛大貨車在他們旁邊停下。

「要去哪裡？」司機問道。

「機場。」

「上車吧，幾小時後我要到那裡卸貨。」

途中，貨車司機對兩位背包客產生興趣，開始問他們問題。

「你們從哪裡來？」

「以色列。」

司機聽到後很高興，提出各種問題，想知道兩個士兵的從軍經驗和在黎巴嫩打仗的情況。事隔那麼久之後可以向別人分享自己的經驗，兩個士兵也很高興。

兩小時之後，司機按照兩小時必須休息一次的法律規定，把車子停在路邊，要去吃點東西。

「你們也想吃點東西嗎？」他問兩個士兵。

「樂意之至。」

餐點叫來之後，他們大快朵頤。這些餐點當然不是經過符合猶太教規的方式預備的。貨車司機咬下一口烤豬肉，嘴嚼到一半卻突然停住，就像想起什麼。

他問：「你倆真的是猶太嗎？」

「當然。」兩個士兵回答說，

「這我就不懂了，」司機說，語氣顯然有些失望，還帶有指責意味。「難道你們兩千年來吃盡苦頭，為的就是吃和我們一樣的食物？」

這故事還有下文，但讓我們感興趣的是司機的最後疑問。

上文指出過，猶太人的生存狀態有其獨自的規則。不管是近代還是古代的猶太歷史，都暗示著一種特殊命運。那麼，猶太教意謂何事？當個猶太人又意謂何事？

在《塔木德》我們讀到一些神祕提示，卻只讓這個謎更加謎樣：

拉比們教導說：如果一個改信者今天想改教，我們當問他：「你緣何想要改教？難道你不知道，今天的以色列備受折磨、壓迫、蹂躪和騷擾。」如果他回答說：「我知道我不配。」我們便應馬上接納他，並對他說：「你當知道，今天的以色列既不可能有太多美事，也不可能有太多災難。」

（《塔木德》，頁四七A）

這段話對猶太民族的處境有無比精確的描寫。不過，值得注意的是，它一開始只告訴想改教的人負面情況，指出猶太人不管去到哪裡，都有苦難追隨。這是為了要嚇嚇他，讓他在做出最後決定前先經過深思熟慮。

如果他還是決定改皈猶太教，我們就會向他透露一個奇怪的祕密：就目前來說，猶太民族永不可能獲得絕對的成功與繁榮興旺（「他們不可能有太多美事」），另一方面，他們又會超乎常理，繼續生存下去（「他們不可能有太多災難」）。

《塔木德》明白指出，這種情況只是暫時性的。「今天」兩字意味著這道理只是目前為真。這種處境將會改變嗎？這個飽受打擊的民族的最後天命會是什麼？

猶太民族的先祖知道答案：猶太人之所以能夠違背常理，受盡迫害還繼續生存，是因為背負著一個使命。「書中之書」的《塔納克》（*Tanach*）①有無數地方談到以色列民族的歷史使命。與錫安主義倡導者的願景不同，猶太民族的使命並不是要取得民族的正常化，或可以像其他民族一樣過著靜謐日子。我們的天命注定了我們要成就更大的事。

猶太民族經歷了兩前年的流放與苦難，表現出匪夷所思的頑強生命力，難道只是為了可以朝九晚五、正常上下班嗎？這太說不過去了！

對於長期四海來回流浪的人，第一個渴望當然是找到一片可以歇足的土地。哪怕時至今日，以色列人仍然太忙於掙扎求存，以致沒時間探問使命的問題。但我們每個人都是被容許在心裡攜帶著一個樂觀願景。那麼，猶太民族的願景是什麼？

一個有趣的事實乃是，放眼大部分歷史時期，不管是猶太人還是外邦人，都一致相信猶太民族具有獨特的天命。猶太民族有時會被其他民族稱為「上帝選民」，理由也在此（不過這稱

①即《希伯來聖經》，由《妥拉》、《先知書》和《聖文集》構成。

呼有時是出於欽羨，有時候則是一種公然譏笑）。

最後一個問題乃是：猶太民族為什麼被選上？當「上帝選民」又意味著什麼？

擎火炬手

猶太民族被選為擎火炬手的過程分為兩階段。

首先是這個民族的族祖被挑選出來，負責在世上傳揚上帝的話語。亞伯拉罕是第一個發現其時代大肆流行的偶像崇拜乃空洞無物的人。他達到了一個領悟：天地間存在著一種統治萬有的更高力量。

然而，對造物主來說，光靠一個有影響力的使者在地上並不足夠。信仰的火花只閃現一次。所以，亞伯拉罕的真正任務乃是把他透過領悟力達到的覺識傳遞下去。

亞伯拉罕遺留給子孫的並不只是信仰，還有把這信仰一代傳一代的責任。直至世界終了那一天，我們手上都會擎著火炬。

到了第二階段，當亞伯拉罕的後代變得實力堅強和人數大增之後，他們再一次被造物主認可為「上帝選民」。這階段的最高體現是領受《妥拉》。這之前，為了在世界萬民眼前證明猶太人的「上帝選民」身分，造物主把以色列的子女從埃及贖了出來。

邁蒙尼德把猶太教視為基督宗教和伊斯蘭教的「母親宗教」（MotherReligion），認為後兩個宗教的最重要原則都是從猶太教抽繹出來。在一篇引人入勝的文章中，邁蒙尼德推想，這兩大宗教都是為了推廣一神論（即相信單一上帝）預備地基（在它們出現之前，一神論乃是猶太教所獨有）：

> 這個人（指耶穌）和繼他之後的以實瑪利（指穆罕默德）的所有話語，都不過是為了幫助彌賽亞王的來到鋪平道路，是為了修正整個世界，使世人知所侍奉單一上帝。正如經上記載的：「他們會呼喚上帝聖名，肩負起侍奉他的責任。」
>
> 那麼，這是怎樣達成的呢？現在，全世界業已被彌賽亞的話語和《妥拉》和十誡的話語充滿，它們被傳播到世界最遙遠的海島，傳播到許多未受過割禮的民族心中。他們都在討論這些事情和《妥拉》裡的誡命。
>
> 《律法新詮》（*Mishneh Torah*），國王與戰爭的律法，第十一章

所以，在某些人看來，猶太人匪夷所思的「大離散」乃是讓他們把使命實現出來的方法。猶太民族會散布到世界幾乎每一個角落，就是為了把猶太教的崇高觀念帶到世界每一個角落。

猶太人的出現對許多文化來說都是個挑戰，但到最後，它們都接受了猶太教的基本前提，將之轉化為大部分宗教的基本原則。

但當個猶太人還意味著別的事情

在〈猶太端緒〉（Jewish point）一詩中，詩人阿特曼（Natan Alterman）指出，每個猶太人的內心深處都一定找得到「猶太火點」，哪怕他們外表和舉止上完全不像是猶太人：

我們總是聽說
猶太人的靈魂裡
存在著猶太火點
等待著大放光明的一天。
他可以是文盲或知識份子，可以是聰明或愚笨
可以是你的朋友或敵人
可以是最低劣或最優秀
但他不可能
但他不可能
不可能是猶太人卻沒有猶太火點，
而不管是敵人或朋友
莫不在他的古老靈魂裡找到

猶太火點。
這就是整個民族的祕密所在，
因為在那些前來摧毀我們的人眼中
它總是出現
它就是猶太火點。

然而，「猶太端緒」②一詞並不是阿特曼所創，而是從意第緒語翻譯過來的，過去在波蘭、加利西亞、白俄羅斯、匈牙利和其他歐洲猶太人聚居地點為人熟知。第一批看出有「猶太端緒」存在的人是哈西德運動的諸位先驅。

《史法特·阿米特》（*Sfat Emet*）的作者賴比（Yehudah Aryeh Leib Alter）詳細談過猶太靈魂的本質和猶太人與他們在天上之父的無條件關連。賴比生活在距今一百多年前，是波蘭的哈西德派蓋爾學派（Gerrer）的拉比。

他寫道：「哲學家們都納悶，愛怎麼可能是一種誡命，但事實上，以色列子民在源頭上是與唯一上帝相連著的……因著這緣故，他們總是可以喚醒他們內心的愛。」

② 看來作者是把「猶太端緒」與「猶太火點」用作同義詞，「端緒」的意思是與孟子「四端」的「端」相近。

在另一個地方，他又指出，自猶太人一領受《妥拉》以後，他們內心便擁有了一種「隱藏著的愛」，而這種愛是每天都可以被喚醒。

同一種觀念也遍見於宰勒曼（Shneur Zalman of Liadi）拉比的著作《警語集》（*Tanya*）。宰勒曼拉比生活於距今兩百多年前，是哈西德派哈巴德學派（Chabad）的創始人。

他寫道：「每個猶太人都與生俱來有愛，這愛隱藏在他們心裡，不為他們的頭腦所知……它是神聖火點（Divine spark）一個側面，存在於以色列每個靈魂之中……所以，就連頭腦最簡單的人和罪人都會願意為維護上帝的聖名而犧牲生命。」

這些哈西德運動先驅是最先看出這驚人現象的人，並指出其為猶太民族的文化遺產所專有。

很多學者在設法解釋猶太教的頑強生命力時，曾指出關鍵原因之一是所謂的「猶太頑固性」（Jewish stubbornness）。這種特徵讓最疏離於本族的猶太人在關鍵時刻一樣會起而宣稱：「我是猶太人！」

有可能，這種難以用日常語言解釋的傾向與「猶太火點」正是同一物事。

※

「上帝選民」的觀念看似很惱人，因為它牴觸了人人平等的理念。除此之外，許多猶太人很可能也會問自己：猶太人的獨一無二性要如何表達，一個上帝選民應該有什麼表現。我今日要活出的使命是什麼？

但正如前面已經解釋過的，猶太人被挑選作「上帝選民」，並沒有種族歧視或人與人不平等的問題。世上每個人都是按上帝的形象所造，都深受造物主喜愛，在祂面前皆是平等。一個外邦義人會獲得獎賞，而一個猶太壞蛋會受到重重懲罰。

但做為一個群體，猶太民族是為了執行使命而被挑選出來，也會因為執行這使命而獲得獎賞。然而，它也必須為延續這使命負起全部責任。

許多宗教都相信世界會有「終了」的一天，但猶太人總是知道，他們是被挑選出來帶領人類走向這個目標。所以，個別猶太人的職責，乃是充當走向救贖路途上的中介世代。作家暨病源學家萊曼（Meir Lehman）拉比在他的《阿奇瓦拉比傳》（*Rabbi Akiva*）裡寫道：

> 為什麼誕生在古埃及那一代猶太人必須承受那麼大的苦痛、那麼多的折磨？為什麼他們必須生而為低賤的奴隸，並在恐怖的環境中死去？
>
> 儘管有這些苦難，那一代猶太人乃是一條「事件大鏈索」中間一個不可或缺的環節。他們在埃及過著嚴苛的奴隸生活，整天與磚頭和灰泥為伍，但離開埃及的時候，他們卻抬頭挺胸，並在西奈山領受了《妥拉》，而他們的後代子孫也因著上帝在聖約裡對亞伯拉罕的應許，繼承了應許之地。

更重要的是，我們大可以說，猶太人身上帶有「不朽品質」的種子，而這種子一般都是在極端環境才會顯現出來。

隱藏著的火點只會在上帝選定的時刻才會迸放出來，讓人對它的存在再無懷疑。在其他時候，它都是隱藏著，但又總是存在。

要了解這使命的意義，我們可以把它與傳播其他社會理念的努力加以比較。大多數時候，一種社會理念的倡導者都無法把他們的理念傳播到四周的圈子之外，更斷然是無法傳遞超過幾代人。它們往往在早期階段便會銷聲匿跡。

為防止這樣的事情發生，猶太使命包含著一個精準和嚴格的機制，其目的是要保障信息可以成功傳遞下去。與此類似，今日的網路也靠著一套複雜通訊協定，讓信息的內容可以從世界一頭的電腦使用者忠實地傳送到世界另一頭的電腦使用者。

包括《妥拉》在內，猶太典籍有無數處談到以色列民族的這種特質：

你們要歸我作祭司的國度，為聖潔的國民。

這與其他宗教大相逕庭，因為其他宗教都只有一小批祭司充當造物者的代表，而猶太人則是一整個民族都是祭司。每個猶太人都是上帝的代表，都攜負著上帝的話語。猶太人也被要求過一種犧牲奉獻的生活，以便可以忠實達成使命。

因為你們在上帝眼中是個聖潔的民族，你們的上帝在地上萬國中揀選了你們做祂珍愛的民族。

為了強調這個訊息，以下這句經文幾乎一字不易地多次出現：

你們是你們上帝耶和華的子女。

值得注意的是，「子女」一詞凸顯出造物主及其珍愛民族之間的特殊關係。《密西拿》（*Mishnah*）的〈父執卷〉（Tractate Avot）引用這經文以證明造物主對以色列百姓的特殊喜愛：「以色列備受珍愛，他們被稱為造物主的子女。一種特殊眷愛被給予了他們……」

造物主挑選單一民族在世上傳揚祂的聖名可以視為一種偏愛。所以，《塔納克》並不認為有需要說明以下這個摩西向上帝提出的要求的合理性：「使我和你的百姓與地上的萬民有分別。」（《出埃及記》三十三章十五節）

※

然而，當猶太人又是極艱鉅和責任極大的挑戰，隨著榮寵而來的是沉重的軛。就連那些把自己部分使命丟棄的猶太人一樣會因為自己是猶太人而同意擎起火炬。以色列國的存在是個不停歇挑戰：就像歷世歷代的猶太人為了保持獨自身分認同而隨時準備好付出代價，以色列國也是如此。

猶太人天性上總是準備好為他們的獨一無二地位付出沉重代價。我們在「成就」一章已經詳細談過，在任何最重大和最危險的革命中，猶太人都不害怕站在第一線。

這特徵始終是猶太人最突出的財產。他知道，他宣稱自己是猶太人便代表著接受挑戰和使命，而他之所以願意生活在一片充滿衝突的土地，只因為他確信那是他應站的位置。

《妥拉》本身明白指出猶太民族的使命乃是把光帶給萬邦。

你們務必謹守遵行〔《妥拉》〕，因為這將使你們在萬民眼中顯得智慧和聰明。他們聽見這一切律例，必說：「這大國的人真是有智慧，有聰明！」哪一大國的人有神與他們相近，像耶和華——我們的神、在我們求告他的時候與我們相近呢？又哪一大國有這樣公義的律例典章、像我今日在你們面前所陳明的這一切律法呢？

〈話語篇〉③四章六-八節

大半部的猶太歷史都證明了，猶太民族要比他們四周那些無知而野蠻的民族優越。然而，近代發生的文化大變革看似已把我們的文化優勢吃掉。不只如此，我們有時還顯得比其他得到啟蒙的進步民族落後了些。

由於使人痛心地丟棄了本族的文化遺產，現在很多猶太人已經沒有獨特的文化可以示人。

我們放棄了我們的崇高理想，甘願滿足於平庸的渴望，只當個昏沉沉的商人民族。事實上，我們並未完全成功當上商人民族，卻在這個過程中失去了做為我們正字標記的寶貴價值理想。

不過，哪怕時至今日，猶太精神的偉大仍然一次又一次獲得證明。以色列全國上下為一個被綁架的士兵牽腸掛肚，反映的正是一種在其他國家看不到的內在火點。以色列國防軍的嚴格道德紀律和軍事紀律，還有他們能夠在艱難得匪夷所思的環境下打敗枉顧一切遊戲規則的敵人，是另一個我們仍保有精神優越性的見證。

最重要的是，以色列國表現的天真無機總是讓人感動揪心。

整個世界都早已發現，國際道德守則其實從未受到實際遵守，只是一些大國為了自身的政治與經濟利益而迫使不聽話小國就範的工具。歐洲人、美國人和俄國人從來懶得隱瞞他們以雙重標準行事的事實。

這是猶太人面對的一道難題。就像反猶太主義的全盛時期那樣，他們至今仍要面對一個指控：世界的一切動亂都是源於以色列的不知自制。

③《妥拉》的〈話語篇〉即《舊約聖經》的〈申命記〉。

※

在某些時候，猶太人的任務是領風氣之先、嶄露頭角和取得傲人成就。在另一些時候，他們受到迫害，降格到最卑賤的狀態。每逢這時候，他都需要證明自己的力量，堅持活下去。

然而，還有一些時候，猶太人只有單一任務：把薪火傳下去，把火炬交給下一代，讓下一代繼續維持猶太人的身分。

世界其他民族擔負的是一個重要性不遑多讓的使命：去認識猶太民族，了解他們的價值和了解他們被委以的使命。

內容簡介

你知道諾貝爾獎得主中有多少猶太人嗎？你知道在各大國際名校中，猶太學生的比例有多高嗎？猶太民族的總人口數不到全世界的〇．三％，然人才輩出，在各領域的頂尖精英中，猶太人幾乎都佔有一席之地。

在某些歷史時期，身為猶太民族一員是件有面子和光榮的事，但在另一些時期，這身分卻是會讓人窒息的牛軛。當猶太人走過大流散、大移民、大屠殺……分散世界各地的猶太人，在接受其他國家民族的同化後，對自身民族歷史又有多少理解，對自我身分又存有多少認同？

在漫長的猶太歷史裡，猶太民族有過三個正式名稱：希伯來、猶太、以色列，這三個歷史名稱皆沿用至今，在世界各民族中獨一無二。此一事實反映出，猶太民族一直在發展，但也一直保存著自己的古代根源。

本書的撰寫即是為猶太人自己，以及想了解猶太人本質與構成的外邦人解惑，從「猶太人的定義」談起，從而簡述猶太歷史與宗教背景，列舉猶太名人如維根斯坦、馬克思、弗洛依德、卡夫卡、羅斯柴爾德等人的貢獻及事蹟，並剖析猶太人為何成功的祕密，以及其與眾不同的民族特質，又何以招致反猶太主義？最終探討猶太人身為「上帝選民」的使命與責任。

大部分人都以身為自己民族與土地的一員自豪，經過本書作者、受人敬重的猶太拉比尼凱米亞．羅森伯格（Nechemia Rotenberg）集結各項研究資料與精確數據的剖析後，猶太人有更有理由相信，不管用任何標準衡量，他們的文化和民族特別出眾。想了解猶太優秀基因裡究竟藏著什麼祕密，本書將是讀者一探究竟的最佳入門概論。

作者簡介

尼凱米亞．羅森伯格（Nechemia Rotenberg）

生於以色列耶路撒冷，畢業於帕內韋日斯經學院（Ponevezh Yeshiva），擁有以色列教育部頒發之一級教育學士學位。後應奧地利首都維也納猶太社群之請，定居該地。

羅森伯格是一名猶太拉比，他的使命是深化其社群成員之猶太身分認同。近年於「猶太靈魂認同學院」主持課程，闡述猶太人的歷史及文化，以加強年輕學者的猶太身分認同，因為他們是猶太民族的未來領袖。這本書即出自於他無數的演講以及講壇。

譯者簡介

梁永安

台灣大學文化人類學學士、哲學碩士，東海大學哲學博士班肄業。目前為專業翻譯者，共完成約近百本譯著，包括《文化與抵抗》（Culture and Resistance / Edward W. Said）、《啟蒙運動》（The Enlightenment / Peter Gay）、《現代主義》（Modernism：The Lure of Heresy / Peter Gay）等。

校對

馬興國

中興大學社會系畢業；資深編輯。

責任編輯

王怡之

東吳大學中文系畢業；資深編輯。

文化與社會

薩依德精選Edward W. Said

當代最傑出的文化評論家
西方學術界卓然特立的知識份子典型
以東方學論述開啓二十世紀末葉後殖民思潮

文化與抵抗

沒有種族能獨占美、智與力，
在勝利的集合點上，
所有種族都會有一席之地。

聯合報讀書人最佳書獎
讀書人版、誠品好讀書評推薦
ISBN: 978-986-360-195-1
定價：350元

鄉關何處

薩依德的流離告白

美國紐約客雜誌年度最佳書獎
2000年紐約書獎
安尼斯菲爾德一伍夫書獎。

聯合報讀書人最佳書獎、中時開卷版、誠品好讀、自由時報副刊書評推薦
ISBN: 978-986-360-032-9
定價：420元

遮蔽的伊斯蘭

西方媒體眼中的穆斯林世界

任何人若想要知道西方與去殖民化世界之關係，就不能不讀本書。
——《紐約時報書評》

聯合報讀書人最佳書獎、讀書人版、開卷版、誠品好讀書評推薦
ISBN: 978-986-360-160-9
定價：380元

文化與帝國主義

這本百科全書式的作品，極實際地觸及歐洲現代史的每件重大帝國冒險行動，以史無前例的細膩探討19世紀法國、英國殖民系統的謀略，橫跨小說、詩歌、歌劇至當代大眾媒體的文化生產領域。
——London Review of Books

聯合報讀書人最佳書獎
中時開卷版書評推薦
ISBN: 978-986-360-209-5
定價：520元

東方主義

後殖民主義是20、21世紀之交影，
全球的社會人文領域裡，
最普遍與最深遠的一股思潮
本書是知識份子與一般讀者必讀的經典。

聯合報讀書人最佳書獎、中時開卷版、誠品好讀書評推薦
ISBN: 978-986-360-205-7
定價：500元

大師作品

21世紀重要知識份子

杭士基Noam Chomsky

我有一艘小船，所以被稱為海盜；
你有一支海軍，所以被稱為皇帝。

海盜與皇帝

中時開卷版、誠品好讀書評推薦
ISBN: 978-986-6513-35-0
定價：350元

世界上有許多恐怖主義國家，
但是美國特殊之處在於，
官方正式地從事國際恐怖主義，
規模之大讓對手相形見絀。

宗教學

20世紀美國實用宗教學鉅著

威廉．詹姆斯 William James

百年百萬長銷書，宗教學必讀

宗教經驗之種種

這是宗教心理學領域中最著名的一本書，
也是20世紀宗教理論著作中最有影響力的一本書。
——*Psychology Today*

如果我們不能在你我的房間內，
在路旁或海邊，
在剛冒出的新芽或盛開的花朵中，
在白天的任務或夜晚的沈思裡，
在眾人的笑容或私下的哀傷中，
在不斷地來臨、莊嚴地過去而
消逝的生命過程中看見神，
我不相信我們可以在伊甸的草地上，
更清楚地認出祂。

2001年博客來網路書店十大選書
中時開卷版本周書評
誠品好讀重量書評
ISBN:978-986-360-194-4
定價：499元

20世紀美國宗教學大師

休斯頓．史密士 Huston Smith

ISBN:978-986-360-206-4
定價：450元

人的宗教：人類偉大的智慧傳統

為精神的視野增加向度，
打開另一個可生活的世界。
中時開卷版一周好書榜

半世紀數百萬長銷書
全美各大學宗教通識必讀
橫跨東西方傳統
了解宗教以本書為範本

燈光，是不會在無風的地方閃動。
最深刻的真理，
只對那些專注於內在的人開放。
——*Huston Smith*

永恆的哲學

找回失去的世界
ISBN:957-8453-87-6
定價：300元

權威神學史學者

凱倫．阿姆斯壯 Karen Armstrong

神的歷史 A History of God

紐約時報暢銷書
探索三大一神教權威鉅著
讀書人版每周新書金榜

ISBN:978-986-360-125-8
定價：460元

帶領我們到某族群的心，
最佳方法是透過他們的信仰。

國家圖書館出版品預行編目(CIP) 資料

猶太人為何招恨：猶太拉比談反猶 / 尼凱米亞．
羅森伯格(Nechemia Rotenberg)著；梁永安譯 -- 三版 --
新北市：立緒文化事業有限公司, 民113.02
288 面；14.8×23 公分. --（世界公民叢書）
譯自： Why Are Jews Successful

ISBN 978-986-360-222-4(平裝)

1.猶太民族　2.民族文化

536.87　　113001136

猶太人為何招恨：猶太拉比談反猶（原書名：猶太人為何成功）

Why Are Jews Successful

出版——立緒文化事業有限公司（於中華民國 84 年元月由郝碧蓮、鍾惠民創辦）
作者——尼凱米亞．羅森伯格（Nechemia Rotenberg）
譯者——梁永安

發行人——郝碧蓮
顧問——鍾惠民

地址——新北市新店區中央六街 62 號 1 樓
電話—— (02) 2219-2173
傳真—— (02) 2219-4998
E-mail Address —— service@ncp.com.tw
劃撥帳號—— 1839142-0 號 立緒文化事業有限公司帳戶
行政院新聞局局版臺業字第 6426 號

總經銷——大和書報圖書股份有限公司
電話—— (02) 8990-2588
傳真—— (02) 2290-1658
地址——新北市新莊區五工五路 2 號
排版——菩薩蠻數位文化有限公司
印刷——尖端數位印刷有限公司

法律顧問——敦旭法律事務所吳展旭律師

分類號碼—— 536.87
ISBN —— 978-986-360-222-4
出版日期——中華民國 103 年 3 月～ 104 年 12 月初版 一～五刷（1 ～ 5,100）
中華民國 110 年 5 月二版 一刷（1 ～ 800）
中華民國 113 年 2 月三版 一刷（1 ～ 800）

定價◎ 360 元（平裝）

大旗文化 閱讀卡

姓　名：

地　址：□□□

電　話：(　　)　　　　　　傳　眞：(　　)

E-mail：

您購買的書名：________________________

購書書店：________市（縣）____________書店

■您習慣以何種方式購書？

□逛書店 □劃撥郵購 □電話訂購 □傳真訂購 □銷售人員推薦
□團體訂購 □網路訂購 □讀書會 □演講活動 □其他______

■您從何處得知本書消息？

□書店 □報章雜誌 □廣播節目 □電視節目 □銷售人員推薦
□師友介紹 □廣告信函 □書訊 □網路 □其他______

■您的基本資料：

性別：□男 □女　婚姻：□已婚 □未婚　年齡：民國_____年次

職業：□製造業 □銷售業 □金融業 □資訊業 □學生
□大眾傳播 □自由業 □服務業 □軍警 □公 □教 □家管
□其他 ________________

教育程度：□高中以下 □專科 □大學 □研究所及以上

建議事項：

愛戀智慧 閱讀大師

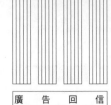

廣告回信
北區郵政管理局登記證 北臺字8448號
免貼郵票

立緒文化事業有限公司　收

新北市 2 3 1

新店區中央六街62號一樓

請沿虛線摺下裝訂，謝謝！

立緒文化 閱讀卡

感謝您購買立緒文化的書籍

為提供讀者更好的服務，現在填妥各項資訊，寄回閱讀卡（免貼郵票），或者歡迎上網http://www.facebook.com/ncp231 即可收到最新書訊及不定期優惠訊息。